KB139419

me,
베를린에서
나를만났다

손관승의
베를린에서 숨은 행복 찾기

me,
베를린에서
나를 만났다

손관승의
베를린에서 숨은 행복 찾기

노란잠수함

섹시한 도시, 그 15년 뒤…

호랑이는 죽어 가죽을 남기지만 정치인은 명언을 남긴다. 베를린 시장이었던 클라우스 보베라이트는 2003년 11월 6일 독일 경제전문지 「포쿠스 머니」와의 인터뷰에서 역사에 남는 유명한 말을 남겼다.

> "우리는 비록 가난하지만 그럼에도 불구하고 섹시합니다."
> "Wir sind zwar arm, aber trotzdem sexy."

보베라이트의 '가난하다'는 표현은 독일의 다른 도시와 비교해 상대적으로 경제적 열세에 놓여 있다는 뜻이지 국제기준에서 그렇다는 뜻은 물론 아니었다. 그는 베를린이 처한 예산부족과 일자리 창출의 어려움을 하소연하고 있었고, 그러면서도 이 도시가 갖고 있는 독특한 강점과 풍부한 소프트파워에 대한 자부심을 '섹시하다'고 말하고 있었다. 이 말은 영어로 'poor but sexy 가난하지만 섹시하다'는 말로 압축 번역되면서 세상에 널리 알려지게 되었다. 클라우스 보베라이트는 진정한 아포리즘의 예술가였다.

베를린은 섹시한 도시일지는 몰라도 막대한 통일비용의 후유

중에서 좀처럼 빠져나오지 못하고 있었다. 2005년에 실업률이 무려 15퍼센트나 치솟았고, 야심차게 추진했던 통일수도의 신공항 프로젝트는 곳곳에서 부실공사가 발견되어 개항시기를 계속 연기하는 등 큰 망신을 당했다. 사람들의 얼굴에서는 웃음을 찾아보기 어려웠고 공공예산과 시민들의 씀씀이에서는 빈 티가 나 보였다.

회색은 오랫동안 베를린을 지배했던 색이다. 낮고 두텁게 깔린 잿빛 구름, 회색빛 장벽, 기둥에 선명히 남아 있는 총알 자국처럼 시민들의 마음에 상처가 가득 박혀 있었다. 물건은 튼튼하고 건물은 단단할지 몰라도 무뚝뚝하고 투박하기 짝이 없었다. 이 도시는 스파이영화와 전쟁드라마의 세트장으로나 어울릴 것 같은 분위기였다.

그런데 몇 년 전부터 들려오는 베를린의 소식은 전혀 달랐다. 예술과 건축에서 새로운 물결이 일어나 도시 전체가 마치 거대한 창조공간으로 활용되고 있으며, 공간혁명이 일어나고 있다는 것이다. 유네스코는 이곳을 '디자인 도시'로 지정하기에 이르렀다. 영국 출신의 세계적인 건축가 데이비드 치퍼필드가 "베를린은 이 세상에 둘도 없는 위대한 도시를 만들어냈다"며 극찬할 정도로 현대건축의 살아 있는 박물관이 되었다.

디자인, 패션, 라이프스타일, 도시재생 등 창의성이 필요한 거의 모든 분야에서 전례 없는 혁신이 일어났다. 2009년 '유럽에서 가장 쿨한 도시the coolest city'로 선정되었고, 여기에 힙스터hipster들이 몰려들었다. 힙스터란 유행을 거부하고 자기만의 방식으로 살기 원하며 독자적인 라이프스타일과 패션을 추구한다고 알려져 있다.

요즘 유럽 여행의 핫스팟은 베를린이다. 회색빛 무겁던 도시에서 공간혁명과 라이프스타일을 주도하는 도시로 바뀌었다. 라이프스타일이 바뀌면 소비에도 변화가 일어난다. 자유롭고 개성 있는 콘셉트 스토어들이 등장했다. 젊은 인력, 젊은 생각, 젊은 자본이 함께 몰려들었다. '가난하지만 섹시한 도시'라 했던 베를린은 이제 가난함은 사라지고 섹시함만 남았다. 빈티가 줄줄 흐른다고 자학하던 도시 베를린은 이제 빈티지의 도시로 바뀐 것이다.

그 비결은 뭘까? 나는 베를린시가 추진해오고 있는 '미래 프로젝트Projekt Zukunft'에 주목하고자 한다. 그것은 베를린을 정보, 통신 등 미래기술과 '크리에이티브 산업'의 클러스터로 집중 육성한다는 야심찬 계획이다. 스타트업 아우토반이 달리는 곳 역시 베를린이다. 이 도시가 펼치고 있는 캠페인은 최근 이렇게 바뀌었다.

"베를린은 자유의 수도입니다."
"Berlin is the capital of freedom."

이 도시는 자연스럽고 당당하다. 동베를린의 화끈한 클럽과 공원에서의 누드 일광욕에 이르기까지 이보다 더 섹시하며 이보다 더 자유롭기는 힘들다. 관능적이다.

서유럽이면서도 동유럽의 분위기도 섞여 있는 도시, 이곳에서 전통과 혁신은 이중주를 이룬다. 터부taboo가 적고 금기도 없다. 예술활동에 가장 나쁜 것은 규제인데 이 도시에서는 거의 무제한적인 표현의 자유를 누릴 수 있다. 생각의 다양성이 존중되는 관용의 도시. 유일한 금기는 나치찬양과 유대인 멸시발언일 뿐이다. 젊고 야심 있으며 창의적인 사람들에게 선망의 도시가 된 비결이다.

공간이 빈약한 도시는 매력이 없다. 아무리 경제적으로 발전했

me, 베를린에서 나를 만났다

다 하더라도 말이다. 이 시대 여행자들 역시 공간 탐식가들이어서 개성 있는 골목길, 전통시장의 변신과 혁신적인 박물관, 감각적인 인테리어 카페가 있어야 찾아간다. '공간복지'라는 표현도 있을 정도다.

지금은 단 한 번뿐인 인생을 더 가치 있게 만들기 위해 자기만의 방식으로 인생을 디자인하려는 욕구가 강하다. 여행의 방식도 많이 바뀌었다. 거창한 것이 아닌 일상 속에서 소중함을 찾으려 한다. 베를린은 라이프스타일의 D.I.Y 문화운동이 일어난 도시다. 누가 만들어준 것을 따라하는 것이 아니라 없던 것을 스스로 디자인하고 스스로 만들어나가는 운동이다.

세상의 도시들은 '더 나은 도시, 더 나은 삶Better City & Better Life'을 동시에 추구한다. 전자가 도시의 경쟁력이라면 후자는 삶의 질이다. 괴물이 되어가는 도시, 더 괴물이 되어가는 도시에서의 삶, 그런 것들에 대한 반성이다. 그 양자를 충족시키는 베를린의 새로운 얼굴은 도대체 누가 큰 그림을 그렸을까? 많은 건축가와 예술가들의 공이 크지만, 도시계획자 한스 슈팀만Hans Stimman이라는 이름과 그가 주창한 '비판적 재건' 개념을 기억하고 싶다. 통일 직후 베를린의 난개발을 막고, 인간 위주의 도시로 재탄생하기까지의 그의 역할이 컸으니까.

성장한계에 직면한 퇴행도시를 창의적인 도시로 재생시키는 도시전략이 성과를 거둔 곳이 베를린이다. 과거, 현재, 미래가 건강하게 조화를 이루는 모습이다. 이 책은 조화로운 삶이 가능한 베를린만의 매력자본을 공간재생, 라이프스타일, 섹시함, 그리고 스토리텔링이라는 네 개의 키워드로 설명해보고자 한다.

곰은 베를린의 상징이자 어원이
다. 베를린 어느 곳에서나 반갑게
맞이하는 곰을 만나게 될 것이다

me, 베를린에서 나를 만났다

요즘 안되는 것이 없을 정도로 잘 나가는 베를린이지만, 여전히 과거의 상처들을 부끄러워하고 있다. 약점을 솔직히 인정하는 신뢰자본, 그 약점을 강점으로 전환시킬 줄 아는 창의자본, 그리고 그 과정을 이야기로 풀어내는 스토리자본, 이렇게 세 개의 자본이 있어 베를린은 매력적인 도시로 탈바꿈하게 된 것 아닐까.

베를린은 회복탄력성이 강하다. 세상은 이 도시에 냉소를 던졌지만 그때마다 그들은 다시 일어섰다. 역경이란 단어를 뒤집으면 경력, 그것도 훌륭한 경력이 될 수 있다는 것을 이 도시는 웅변하고 있다.

여행은 자동차 튜닝작업에 비유할 수 있다. 튜닝이란 대량생산된 자동차를 나만의 방식으로 개성 있게 꾸미는 작업을 말한다. 자유롭게 살고 싶다는 열정passion 과 남다른 패션fashion 감각이 합쳐져 튜닝이 이뤄진다. 나만의 목소리, 나만의 스타일을 발견하는 데 도움이 된다면 이 책을 쓴 사람으로서 큰 보람이 될 것이다. Gute Reise!

2018년 3월

손관승

차례

Chapter
3

베를린, 섹시한 도시

Chapter 1

베를린, 예술혁명 도시

뜻밖의 질문
How long is now?

비우기 위해 떠나는 여행이 있다면, 채우러 가는 여행도 있다. 베를린의 미테 지역은 이 두 가지에 모두 적합하다. 이곳은 오랫동안 베를린의 두뇌와 심장 역할을 했다. 미테^{Mitte}란 독일어로 한가운데를 의미하여, 서울의 중구^{中區}처럼 정중앙에 위치한 구^區 이름이다. 브란덴부르크 문에서 박물관섬까지 동쪽으로 뻗은 길이 운터덴린덴^{Unter den Linden} 거리이며, 그 거리 양편으로 펼쳐진 곳이 바로 미테 지역이다. 베를린의 원^原 도심이기도 하다.

도시전철을 타고 '오라니엔부르크 거리^{Oranienburger Straße}' 역에서 내렸다. 이곳은 과거 동베를린 지역으로, 장벽이 무너진 지 30년 가까이 되어가지만 아직도 곳곳이 공사 중이다. '언제나 건설 중인 도시'라는 베를린의 별명답다. 인도, 그리스, 터키, 이탈리아, 다양한 국적의 레스토랑들이 줄 서 있어 유서 깊으면서도 동시에 코스모폴리탄적인 분위기를 풍기고 있다.

유대인들의 정신적 구심점인 시너고그의 황금빛 원형 지붕이 빛난다. 베를린 박물관섬 뒤, 몬비주 공원 옆이다. 시너고그 건너편으로 한창 공사 중인 건설현장이 있다. 이곳이 동베를린 지역의 예술 공동체 〈타헬레스Tacheles〉가 있던 자리다. 베를린의 공간혁명 운동은 바로 여기서부터 시작되었다. 이 건물은 1907년 원래 백화점의 용도로 지어졌지만 전쟁 때 융단폭격으로 그라운드 제로대재앙의 현장가 되다시피 했다가 분단을 거치면서 폐허상태에 가까워졌다. 이 건물 앞에서 해가 지면 몸 팔기 위해 나온 수상한 여성들을 쉽게 목격할 수 있었다. 거리는 퇴행해갔다.

베를린 장벽이 무너진 직후였던 1990년 2월, 약 50여 명에 이르는 한 무리의 예술가들이 화려한 퍼포먼스와 함께 이 건물에 입성하였다. 스쾃squat이라는 이름으로 예술가들이 건물 무단점거운동의 시작을 알리는 순간이었다. 스쾃은 빈 건물을 점거하는 행위다. 그들은 이 건물을 〈타헬레스〉라 불렀다. 타헬레스란 중부 유럽에 살았던 유대인의 언어인 이디시어로 '자신의 주장이나 견해를 명확하게 말하다'라는 의미다. 말뜻 그대로 세상의 모든 규제에 항거한다는 주장과 극단적인 표현의 자유를 외쳤다. 건물 외벽, 복도, 공토의 공간 등 거의 대부분의 영역에 그림인지 낙서인지, 혹은 정치적 구호인지 모를 그림과 글이 난무하였다.

그곳은 컬트cult였다. 마치 새로운 종교가 탄생하듯 일약 거리의 예술가와 그라피티 예술, 언더그라운드와 반反예술의 아이콘이 되었다. 보헤미안적 삶을 꿈꾸는 순례자들도 끊이지 않았다. 베를린시와 이 건물을 인수한 기업에서는 옛 건물을 헐고 새로운 건물을 짓고 싶어 했다. 강제퇴거 명령과 버티기, 오랜 대치와 긴장의 줄다리기가 계속되었다. 오랜 협상 끝에 일정기간 이곳을 창작인 지원센터로 제공한다는 데 합의가 이뤄졌다. 〈타헬레스〉의 예술가들은 매우 저렴한 임대료만 내고 합법적으로 작업실로 대여할 수 있었다. 타헬레

〈타헬레스〉가 있던 오라니엔부르그 거리. 시너고그
건너편에 있었고 현재는 철거되어 예술가들은 다
른 곳으로 이전했지만 대표작품은 남아 있다. 시너
고그 뒤에 현대미술을 대표하는 아우구스트 거리다

스는 예술작가들의 스튜디오, 독립영화관, 카페, 콘서트 등의 다양한 공간으로 쓰였다. 이 과정에서 '과도기 임시 사용 zwischennutzung'이란 독일어 단어가 국제어로 등장했다.

　동서베를린의 혼란스러웠던 힘의 진공기간이 예술가들에게는 황금의 시간이었던 것이다. 완벽한 파괴는 완벽한 창조의 시발점이었다. 돈이 부족하고 환경은 열악했지만 대신 금기가 없고, 타성이 사라진 실험공간이었다. 예술가들에겐 최고의 창조공간이었다. 섹시한 도시로서 베를린의 탄생이었다. 그들은 자본의 성형을 배격하였다. 상처마저 있는 그대로의 모습으로 보여주고자 하였다. 〈타헬레스〉 예술가들이 생각하는 섹시함이었다.

　하지만 안전문제와 재산권 이슈가 겹쳐 오랜 협상 끝에 건물은

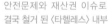

안전문제와 재산권 이슈로
결국 철거 된 〈타헬레스〉 내부

me, 베를린에서 나를 만났다

결국 철거되었다. 그 자리에 새로운 건물이 들어서기 위한 공사가 한창이다. 〈타헬레스〉에 있던 예술가들은 동베를린의 끝 마르찬이란 구역으로 이전했다.

〈타헬레스〉를 비롯한 건물점거 스콧운동이 베를린에 끼친 영향은 참으로 크다. 다르게 삶life을 살고자 하는 염원은 남들과 차별화된 방식으로 옷과 장신구를 걸치게 만들었고, 그들만의 고유한 스타일을 창조하게 만들었다. 타헬레스적인 라이프스타일은 누가 시켜서 만들어진 것이 아니기에 'D.I.Y 문화'라고도 할 수 있다. '자신의 방식대로 하라Do it Yourself'라는 뜻 그대로 스스로 실험하고 만든 문화다. 내 삶을 스스로 디자인하겠다는 운동이다.

> "예술이 스포츠보다 우월한 것은 후자가 타인들이 합의한 규칙을 엄수해야 하는 반면 전자는 자신이 규칙을 만들어갈 수 있다는 데 있다."

소설가 J. M. 쿳시가 에세이집 『*Late Essays*』에서 한 말이다. 그렇다. 운동선수는 규칙을 지키면 지킬수록 높은 점수를 받지만, 예술가는 기존의 규칙을 깨면 깰수록 좋은 평가를 받는다. 〈타헬레스〉의 예술가들은 옛 규칙을 깨고 스스로의 규칙을 만들어가기 시작했다. 다른 도시에서 전혀 느낄 수 없는 베를린만의 독창적인 예술 분위기가 일어난 것이다. 동과 서, 자본주의와 사회주의의 융합, 문화의 빅뱅이 일어났다.

작게는 반문화, 건물점거운동이었지만 다른 의미에서 보면 새로운 라이프스타일의 창조다. 미술, 조형, 건축, 인테리어, 디자인, 패

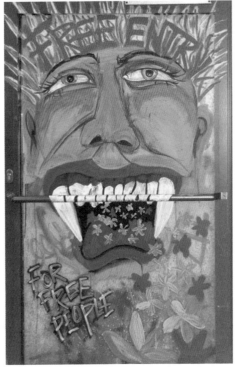

위 | 〈타헬레스〉 안에는 자유로운
분위기의 예술작품들이 있었다
아래 | 베를린에서는 독창적인
예술 분위기와 젊은이들의 재기
발랄한 작품들을 볼 수 있다

me, 베를린에서 나를 만났다

'How Long Is Now' 〈타헬레스〉는 사라졌지만
옆 건물로 옮겨져 여전히 질문을 던지고 있다

션, 거의 모든 영역에서 이들의 색다른 라이프스타일은 점차 세상의 주목을 받았다. 그러자 힙스터들이 몰려오고 자본도 따라왔다. 비록 예술 공동체는 다른 곳으로 갔지만 그들의 정신은 베를린 곳곳에 남아 있다. 그들이 창조해낸 유명한 그라피티 작품 하나는 옆 건물 벽으로 옮겨져 꿋꿋이 그 거리를 지키고 있다. 그 작품은 이렇게 묻고 있었다.

"How long is now?"
"현재는 얼마나 긴 걸까?"

해답을 찾으러 떠나온 여행길, 뜻밖의 질문부터 만났다. 혹 떼러 갔다 혹 붙여온다는 옛 속담 격이다. 질문이 없던 도시에서 온 여행자에게 무척 당황스런 질문이다. 도대체 'now'라는 현재는 얼마나 긴 걸까? 불만스러웠던 과거에 대한 되돌아봄이기도 하고 한심한 현재와 불확실한 미래에 대한 존재론적 한숨으로도 해석된다. 아니면 짧은 인생의 완전 연소를 꿈꾸는지 질문을 던지는 것 같았다. 입구는 있는데, 출구는 존재하지 않는 크레바스 같은 삶에 대한 질문일까? 거대한 빙하의 틈새로 빠져 영원한 얼음 왕국에 갇혀 있다는 끔찍한 상상처럼 현재는 혹 그런 시간일까?

"공공예술의 핵심은 메시지다. 삶을 성찰하게 하니까…"

이렇게 말한 사람은 미국의 비영리 단체인 뉴욕 타임스퀘어 공공예술 디렉터인 데브라 시몬이다. 이제 예술은 더 이상 소수 전문

me, 베를린에서 나를 만났다

가들만의 예술적 향유가 아니다. 조각, 벽화, 스트리트 퍼니처, 포장작업, 디자인 등 다양한 장르에 걸쳐 공공예술은 존재한다. 그 핵심은 메시지, 걸려 있는 예술을 통해 말하고 싶은 것을 대중에게 전달할 줄 알아야 한다. 아니면 생각하게 만들어야 한다. 벽에 걸린 "How long is now?"처럼 말이다.

이 도시는 여행자에게 많은 것을 묻는다. 질문은 학생들이 공부하는 캠퍼스에만 있는 것이 아니라 어디에나 있다. 당연하다고 생각하는 기존의 생각에 쉼 없이 도발적인 질문을 던지고 있었다.

me,
나의 진정한
페르소나와 만나다

도시의 매력을 알고자 한다면 대로가 아니라 골목길을 걸어야 한다. 겉이 아니라 속을 들여다보고, 더 나아가 속살을 만져보고, 그곳에 살고 있는 사람들과 대화를 나눠보아야 한다. 그래야 그곳의 진면목을 알 수 있다. 골목은 소비하는 골목과 생산하는 골목, 크게 두 가지로 나뉜다.

유대교 성전 시너고그 뒤에는 두 개의 거리가 보이는데, 아우구스트 거리와 리니엔 거리다. 이곳이 통일 이후 베를린에서 가장 각광받는 현대미술 갤러리 거리이며, 뉴욕의 첼시처럼 주요 갤러리들이 모여 있고 미술기관들이 이곳에 있어, 세계 미술 컬렉터들이 주목하는 곳이다. 이 길에서는 예술 생산과 소비, 그리고 유통까지 그 모든 과정이 동시에 일어난다. 미술품 수집에 관심이 높은 것으로 알려진 할리우드의 영화배우 브래드 피트도 이 지역을 자주 출입한다고 해서 화제가 되었다.

절대로 겉만 보고 판단하면 안 된다는 것이 이 골목 투어의 특징이다. 외경만 보면 금방이라도 쓰러질 것 같은 건물이라도 안으로 들어가면 180도 느낌이 달라진다. 높은 천정에 멋진 기둥이 숨어 있거나 숨 막히게 아름다운 중정^{中庭}이 기다리고 있다. 공방과 스튜디오, 출판사와 디자인 사무실이 꼭꼭 숨어 있기도 하다. 카페도 스타벅스 같은 글로벌 프랜차이즈 커피숍보다는 저마다 개성을 달리하는 부티크 카페 위주다. 장식 하나, 가구의 배치에 이르기까지 똑같은 게 없다. 인테리어도 다르고 분위기도 차별화되어 있다. 종업원의 스타일까지 색다르다. 이 골목에서 남과 같다는 것은 곧 예술에 반하는 것으로 통한다. 모든 공간을 자기만의 방식으로 창조해내겠다는 D.I.Y 운동이 강한 곳이다. 현대미술의 미래가 숨 쉬는 곳답다.

라이프스타일 도시 성공 조건의 하나가 글로벌이다. 이곳은 영어가 완벽하게 통하고, 일하는 사람들도 국적이 다양하다. 골목을 걷다가 깜짝 놀랐다. 두 곳의 갤러리와 한 곳의 서점의 작명^{作名} 능력에 감탄하지 않을 수 없다.

⟨me⟩ ⟨KW⟩ ⟨do you read me?!⟩

짧고 산뜻하며 기억에 쏙쏙 들어온다. 물론 이 부근에는 베를린 화랑 업계의 전설 게르트 해리 립케가 운영하는, 최고 호가의 작가 네오 라우흐와 팀 아이텔이 소속된 ⟨갤러리 아이겐＋아트⟩, 영국 팝아트와 독일 거물급 화가 할렉스 카츠의 작품을 다루는 ⟨바바라 툼 갤러리⟩, 영국 개념주의 미술을 즐겨 소개하는 ⟨쉬퍼＆크로메 갤러리⟩ 같은 세계적인 화랑들이 많다. 그런데 이 갤러리들은 생각이 금방 나지 않고 앞의 두 개의 갤러리만 떠오르는 것은 작명의 차이다. 간결하고 기억하기 쉽고 여기에 의미까지 있으니 금상첨화다. 입소문을 타면 사람이 몰리고, 자본도 따라오는 바이럴^{viral} 마케팅의 성공이다.

　세 곳 모두 이 골목의 방문자를 끌어모으는 골목상권의 앵커 역할을 한다. 세 곳 가운데 두 곳의 이름에 'me'가 들어가 있다. 현대인들에게, 더욱이 예술을 하는 사람들에게 '나'는 무척 중요한 존재다. 그 자의식이 없으면 예술은 애당초 불가능하다.

　이 골목의 터주 대감이자 랜드마크는 〈KW〉다. 독일어로 '카베'라 발음하는데, '쿤스트 베르크Kunst Werk 예술작품'의 준말이다. 정식으로는 〈KW Institute for Contemporary Art in Berlin〉이다. 통일 직후인 1991년 클라우스 비젠바흐를 주축으로 미술인들이 모여 결성한 전시관이며 베를린 현대미술을 이끌고 있는 공공기관이다. 클라우스 비젠바흐는 뉴욕 현대미술관MoMA의 수석 큐레이터이며 〈MoMA PS1〉 디렉터인 세계 미술계의 거물이다. 〈KW〉가 주축이 되어 매년 가을에 열리는 행사가 '베를린 아트 위크Berlin Art Week'다. 이 행사는 그 이전에 있었던 '베를린 아트 페어'를 확대 개편한 행사로 2012년부터 열리고 있는데, 예술의 허브로서의 베를린을 알리는 자리다. 베를린을 대표하는 현대미술관인 함부르거 반호프 박물관을 비롯해 각급 미술기관이나 단체, 주요 갤러리들이 참여하는 매우 중요한 행사다. 베를린 자치정부의 후원으로 작품 전시와 거래가 이뤄지는 아트 페어, 토크쇼, 시상식, 예술관련 영화제작 등 다채로운 프로그램이 6일 동안 진행된다.

　겉으로 보아서는 평범하기 짝이 없는 〈KW〉 건물 단지 내부는 크게 세가지 기능으로 나뉜다. 정문을 열고 들어가면 초입에 있는 건물에서는 현대미술 관련 단체들이 총출동하는 '베를린 비엔날레'를 주관하는 기구와 사무실이 들어 있다. 둥근 아치에는 마치 나를 잘 안다는 듯 이렇게 쓰여 있다.

"I am aware of who you are & what you do."
"나는 당신이 누구인지 & 당신이 무엇을 하는지 알고 있다."

 그곳을 지나면 큼직한 통유리로 온실처럼 생긴 곳이 있는데, 작지만 귀여운 느낌의 카페. 카페 건너편이 전시장이다. 〈KW〉는 컬렉션에 기반을 두지 않고 작가들의 즉각적인 반응을 소개한다는 점을 운영의 포인트로 두고 있다. 층별로 주제가 다른 현대작가의 설치미술 작품을 선보인다(전시공간은 유료입장이다). 겉을 보아서는 평범해 보이지만 그 안은 180도 다른 분위기다. 원래 이곳은 옛 마가린 공장이었는데, 예술가들이 점거하여 이렇게 멋진 곳으로 '양성화'되었다. 붉은색 벽돌이 옛 건물의 분위기를 살리면서도 연결지점에는 큼직한 유리지붕을 달아 만약 비라도 내리면 더욱 운치가 있다.

 〈KW〉는 역량 있는 작가들이 일정기간 동안 초대되어 숙식을 제공받고 스튜디오에서 마음껏 작품활동하는 아티스트 레지던스 프로그램도 운영 중이다. 이 프로그램은 크로이츠베르크의 베타니엔과 더불어 예술도시 베를린의 화수분 역할을 해내고 있다. '베타니엔 예술가의 집Künstlerhaus Bethanien'은 베를린의 예술을 언급할 때 절대로 빼놓을 수 없는 곳이다. 폐쇄된 병원을 예술가들이 점거해 약 1,000명의 현대예술가들이 거쳐간 곳이다. 지금은 베를린 복권 기금의 후원으로 다른 건물로 이전해 국제 레지던시International studio programme를 운영하고 있다.

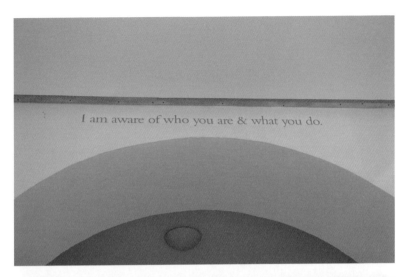

me, 베를린에서 나를 만났다

〈KW〉와 어깨를 나란히 하고 있는 건물이 〈me〉다. 이곳은 〈KW〉 바로 옆에 있지만 분위기가 확연히 다르다. 'me'는 '나'를 의미하는 것 같지만 사실은 '무빙 에너지Moving Energies'의 준말이다. 움직이는 에너지, 혹은 보이지 않는 에너지를 옮긴다는 뜻이니 예술과 예술가의 본질적 의미이다. 동력動力 전달자로서의 작가와 예술, 전시장의 역할을 말하는 메타포다. 죽어 있는 예술이 아닌 에너지 생산자로서 이 거리의 역동성을 웅변하는 이름이다.

〈me〉는 단순 갤러리가 아닌 복합 문화예술 공간이다. 국제적인 개인 컬렉터들의 작품도 선보인다. 미술을 전공하지 않은 이들에게 현대미술은 어렵다. 아니 더 솔직하게 말하면 불편하다. 마치 예술가와 큐레이터, 평론가들끼리만 통하는 외계인의 언어같이 들릴 때도 없지 않다. 때문에 관람객의 발걸음이 뜸해지고 작품을 사려는 사람들이 줄어든다. 이런 악순환으로 인해 많은 화랑들이 문을 닫는다. 그런 점에서 〈me〉의 시도는 참고할 만하다. 무엇보다 친절하다. 어떻게 해서든 현대미술과 멀어진 관객들을 불러 모으려 하고 있다.

문을 열고 들어가면 입구에 안내 데스크가 아닌 카페부터 기다리고 있다. 보통은 안내 카운터가 먼저인데 이곳은 공간의 배치부터 다르다. 카페는 아트리움atrium이라 부르는, 건물 중앙이 높게 뚫려 있고 천정에 샹들리에가 빛을 발하는 공간에 시원하게 자리 잡고 있다. 카페 중앙에는 긴 탁자가 놓여 있고 한쪽에는 음료를 서비스하는 바와 스탠드, 그리고 다른 쪽에는 형태와 색깔이 다른 의자와 탁자들이 있다. 하나하나의 디자인이 다르다.

전시장에 입장하지 않더라도 이 카페에서도 커피를 마시거나 브런치를 즐기며 예술적 분위기를 만끽할 수 있다. 카페를 지나면

■
위 | 〈me〉 갤러리 입구
아래 | 단순 갤러리가 아닌 복합 문
화예술 공간으로 내부를 꾸몄다

me, 베를린에서 나를 만났다

위 | 2층에서 본 〈me〉 갤러리 전경
아래 | 작품 감상뿐만 아니라 아기
자기한 소품들도 함께 판매한다

미술전문서점과 티켓을 구입하는 안내 데스크, 그리고 전시장의 순서로 진행된다(전시장 입장은 유료다). 갤러리와 박물관 특유의 위압감이 없어서 좋다.

"예술에 접근하기 용이하게 하고자 하는 뜻입니다. 방문자들은 전시장에 들어오기 전 먼저 카페를 지나게 되는데, 그 가구의 디자인이나 세팅도 저희가 의도한 것입니다. 진귀하고, 우아하며, 정교하면서도 어딘가 색다른 것에 대한 열정의 느낌이 나도록 신경 써서 표현한 것이죠."

〈me〉가 설명하는 운영 철학이다. 그것은 이 복합 갤러리의 운영주체인 올브리히트재단의 철학이기도 하다. 현대예술을 일반 대중, 청소년들과 어린이들에게까지 쉽게 전달하고자 하는 열망을 담았다. 미술은 작가와 작품, 관람객이라는 3요소가 하나가 되어 만난다. 그것을 이어주는 지점이 미술관이고 갤러리다. 여기서는 작품전시만 하는 게 아니라 예술가나 문화계 인사, 혹은 수집가를 초청한 강연, 독서 모임, 일반인을 위한 미술 교육, 콘서트도 연다. 올브리히트재단이 보유하고 있는 예술작품과 진귀한 보물들뿐 아니라 개별 수집가들을 위한 전시장 역할도 하고 있다. 주기적으로 전시품목도 바꾼다. 〈me〉는 뒤에 소개하게 될 〈보로스의 벙커〉와 더불어 개인 소장품을 대중하게 공개하는 협회인 '베를린 컬렉터'에 소속되어 있다.

'me'라는 단어가 그러하듯 지금은 '나'라는 단어가 무척 중요한

전시장을 찾는 관람객들을 위한 의도된
가구 디자인과 세팅. 갤러리를 운영하는
올브리히트재단의 철학이 담겨 있다

시대다. 예술가들만 그러한 것이 아니고 평범한 직장인들도 그 질문
과 자주 마주한다. 많은 이들이 다양한 자아를 갖고 살아간다. 아들
과 딸로서, 남편과 부인으로서, 아빠와 엄마로서, 직업인으로서 배역
에 충실해야 한다. 그러다 보니 보여줘야 할 얼굴도 제각각이다. 여
러 역할에 충실하다 보면 힘에 부치기도 하고 정체성의 혼란도 겪는
다. 이는 '페르소나 persona'라는 개념과 연결된다. 고대 그리스에서는
본래 연극배우가 쓰는 '가면'을 가리키는 말이었다고 하는데, 현대
사회에서는 '외적 인격' 또는 '가면을 쓴 인격'을 뜻한다. 인생이라는
연극을 하는 배우로서의 개인을 말한다.

우리는 도대체 몇 개의 얼굴을 갖고 살아갈까? 다양한 연극 가운데 과연 어떤 얼굴이 나의 진정한 페르소나일까? 나는 남들에게 어떤 페르소나로 비춰지길 원하는 것일까? 현대미술의 중심 거리에서 만난 'me'는 어색하게 웃고 있었다.

do you read me?!

베를린은 위대한 작가들의 땅이다. 알프레드 되블린, 에른스트 호프만, 폰타네, 클라이스트, 브레히트, 투콜스키, 게르하르트 하우프트만, 우베 욘손, 크리스타 볼프, 헤르타 뮐러에 이르기까지 수많은 작가들이 베를린에서 글을 썼다. 소설가는 아니지만 칼 마르크스, 알버트 아인슈타인 같은 사람들도 이 도시에서 공부하거나 가르쳤다.

괴테는 1778년 5월 15일에서 20일 사이 프로이센의 수도였던 이 도시를 단 한 번 방문하였다. 군주였던 칼 아우구스 공작을 수행한 공무출장이었기에 자유는 없었지만, 베를린의 콘서트와 오페라 관람, 도자기 제조공장과 포츠담 방문 등의 일정이 이어졌다. 괴테는 친구 첼터에게 보낸 편지에서 이 도시를 가리켜 '소돔, 기이한 사람들이 사는 신이 없는 장소'라 묘사하였다. 아직 만 서른 살도 채 되지 않은 청년이었지만 이미 『젊은 베르테르의 슬픔』으로 유럽대륙에 필명을 떨치던 패기만만하던 때라서 그랬을까?

해마다 '프랑크푸르트 서적 박람회'를 개최하는 책의 나라, 독서대국 독일이지만 이곳도 오프라인 서점들은 점차 쇠퇴하고 있다. 베를린에서도 많은 대형서점들이 문을 닫았다. 그럼에도 불구하고 아

〈do you read me?!〉 서점. 디자인
과 콘텐츠 양면에서 뛰어난 고품
질 매거진을 전문으로 판매한다

우구스트 거리에는 색다른 서점 한 곳이 세계인들의 이목을 끌고 있
다. 〈KW〉와 〈me〉 건너편 〈do you read me?!〉라는 특이한 이름의
책방이 그것이다. 미술, 건축, 인테리어, 사진, 패션, 디자인 등 문화
예술 전반에 걸친 전문서점인데, 베를린 에어비앤비의 호스트들이
뽑은 서점 추천 1위를 차지하였다. 세계적인 바젤 아트페어 행사기
간에는 임시 서점도 열고 있을 정도다.

　이 서점의 콘셉트는 매우 단순하다. 디자인과 콘텐츠 양면에서
뛰어난 고품질 매거진을 좋아하는 사람들을 위한 공간으로 만들겠
다는 것. 그 때문에 국제적으로 이름난 잡지는 이곳에 모두 모여 있
다. 이 서점은 디자이너인 마크 키슬링과 서적 유통전문가 제시카
라이츠의 주도로 시작되었다. 서점의 전체적인 디자인과 실내 인테

me, 베를린에서 나를 만났다

리어는 디자이너 그레이게와 인테리어 전문가 아르텍이 맡았다. 검정색 서가와 나무 벤치는 이들의 작품이다.

책이라는 말에는 채색한다는 의미의 채가 들어 있다고 했다. 멋진 책을 만나면 마치 내 영혼이 아름답게 채색되는 기분이 든다. 책의 내용뿐 아니라 디자인, 책방의 인테리어, 배치도 중요한 시대다. 이곳에서는 진열된 잡지와 책의 퀄리티만 신경 쓴 것이 아니라 책방이름의 폰트와 레이아웃에 이르기까지 서체, 타이포그래피의 조형감이 매우 고급스럽게 느껴지는 곳이다. 책을 읽는 시대에서 보는 시대로 변한 특성을 감안한 전략이다. 작은 팸플릿, 수첩, 소품들까지 인기가 높아서 언제나 문전성시다. 한국에서도 이 서점의 로고가 새겨진 에코백을 구입한 뒤 온라인으로 판매하는 것이 유행했

책뿐만 아니라 서점의 로고나 캐릭터가 새겨진 수첩에서 에코백, 메모장에 이르는 여러 브랜드 상품을 활용해 부가가치를 창출한다. 중소형 서점들이 모색해야 할 생존전략을 제시한다

을 정도로 제법 이름이 알려져 있다.

대형서점과 골목의 작은 서점들이 하나둘 죽어가는 시대에 이곳의 성공은 뉴스가 아닐 수 없었다. 물론 〈두스만〉을 비롯한 대형서점이 베를린에 없는 것은 아니지만 대체로 독립서점, 그리고 예술 중심의 전문서점들이 인기다. 〈do you read me?!〉를 시작으로 〈Motto Berlin모토 베를린〉, 〈Buchhandlung Walther König발터 쾨니히 서점〉 같은 곳이 대표적이다. 〈발터 쾨니히 서점〉은 박물관섬 바로 옆에 위치했다는 위치적 장점과 예술, 디자인, 사진 전문으로서의 큐레이팅, 그리고 널찍한 공간 배치가 매력적이다.

이 작은 서점들의 약진을 통해 베를린의 예술 저력을 간접적으로 확인할 수 있다. 동시에 오프라인 서점의 생존전략을 엿볼 수 있다. 서점의 로고나 캐릭터가 새겨진 수첩에서 에코백, 메모장에 이르는 브랜드 상품을 활용해 부가가치를 창출해내고 있었다. 머천다이징merchandising이라고 하는 상품판매전략이다. 일본에는 굿즈goods라 부른다. 일본에서 마스다 무네야키 사장이 이끄는 〈츠타야 서점〉과 그의 책 『지적자본론』이 화제를 불러일으켰지만 이것은 대형서점의 전략이다. 독립서점의 전략은 달라야 한다. 그런 점에서 베를린 작은 서점들의 전략은 참고할 만하다.

아우구스트 거리는 보헤미안 문화와 유대인의 자본이 만나는 접점이다. 돈이 흐르는 곳에는 아름다움과 재능, 그리고 맛있는 음식은 항상 따라오는 법이다. 히틀러 집권 이전에는 이곳이 유대인의 거리였는데, 점차 유대인들과 유대자본이 이곳에 몰려들고 있음을 확인할 수 있다. 대표적인 장소가 옛 유대인 여자 기숙학교 건물이다. 동독시절 이곳은 '베르톨드 브레히트 종합기술학교'라는 이름

me, 베를린에서 나를 만났다

위 | 〈발터 쾨니히 서점〉 입구, 예술,
디자인, 사진 전문서점이다
아래 | 예술 전문서점으로 큐레이팅,
널찍한 공간 배치가 매력적이다

으로 기술을 가르치는 학교로 사용되었다. 저명한 시인이며 극작가인 브레히트의 이름을 기린 학교다. 하지만 통독 뒤 학생이 모집되지 않자 통일 이후 폐허처럼 버려져 있다시피 하였다. 2006년에는 제4회 베를린 비엔날레의 전시공간으로 사용되었고, 같은 해에 유대인 정치학자 한나 아렌트 탄생 100주년 기념행사가 개최되었다.

오랜 방황 끝에 문화와 예술 공간으로 재탄생한 것은 2012년이다. 유대인협회가 이 건물의 용도를 오랫동안 기획하고 연구해온 미하엘 푹스에게 의뢰해 오늘날의 모습이 되었다. 1층 복도에는 과거의 역사를 반추해보는 사진이 전시되어 있다. 이 안에는 푹스 갤러리, 사진전문 갤러리인 카메라 워크Camera Work가 있고, 유대방식 조리법인 코셔 전문 레스토랑과 뉴욕스타일의 식당까지 한데 모여 있다.

보헤미안 문화와 유대인의 자본이
만나는 아우구스트 거리

me, 베를린에서 나를 만났다

동독시절 브레히트의 이름을 기린 기술학교였던 곳. 2012년부터 유대인협회가 문화예술공간으로 재탄생하였다

특이한 것은 이곳에 J. F. 케네디 박물관이 있다는 사실이다. 그 것은 냉전시절 베를린을 지켜준 것에 대한 각별한 기억 때문이다. 케네디는 1963년 6월 26일, 당시 서베를린 시청건물에서 독일어로 '나는 베를린 사람이다Ich bin ein Berliner'를 외쳐 사방이 막혀 있던 베를린 시민들에게 용기를 주었다. 이 연설이 있기 2년 전 동서베를린을 가로막는 장벽이 동독 당국에 의해 건설되었기에 케네디의 이 연설은 서베를린 시민들에게 큰 힘이 되었다. 한때는 적국이었지만, 미국은 베를린을 지키기 위해 막대한 지원을 해줬다. 때문에 베를린에는 그의 이름을 딴 학교도 있다. 케네디 박물관에는 케네디의 사진과 물품 300점을 전시 중이다.

그 옆에 또 하나 주목할 만한 곳이 〈헤크만-훼페Heckmann-Höfe〉

아우구스트 거리에 있는 '클레헨스 무도장' 건물. 베를린 최초의 사교춤공간으로 현재 1층은 집시 레스토랑, 중정을 둘러싸고 작은 스튜디오와 공방이 있다

라는 이름의 독특한 공간이다. 건물 입구를 통과하고 들어가면 큰 중정中庭이 있고 한가운데는 하마 모양을 한 큼직한 목조 작품이 자리 잡고 있다. 중정을 둘러싸고 작은 스튜디오와 공방, 갤러리, 개성 있는 선물 가게들이 몰려 있으며 유대교 시너고그의 황금빛 큐폴라 지붕도 보인다.

이곳도 베를린 장벽 붕괴 직후 일련의 예술가들이 그들만의 예술과 라이프스타일을 만들어냈던 곳이다. 하지만 상업용도로 팔린 뒤 2014년 다시 열렸다. 입구에 'The Creative Quarter창조공간'라는 설명이 쓰인 유리판이 걸려 있어 과거의 역사를 말해주고 있다. 옛날의 보헤미안 분위기는 아니지만 독특한 상점과 연극극장, 공방 등의 분위기를 만날 수 있다. 중앙 통로를 통해 전차가 다니는 큰길까지 연결된다. 주소로는 오라니엔부르그 거리 32번지에서 아우구스트 거리 9번지까지 그리고 투콜스키 거리 34번지다.

도시재생은 물리적 재생, 사회적 재생을 거쳐 마지막에 경제적 재생의 단계라는 3단계를 거쳐야 완벽한 재생이라고 한다. 물리적 재생이란 새로 설계하고 건물을 짓는 것을 말하고, 사회적 재생이란 커뮤니티와 공동체의 보존이나 육성을 의미하며, 경제적 재생은 그 지역사회가 자립할 수 있는 경제적 이득을 가져오는 것을 뜻한다. 완전히 폐허처럼 버려져 있던 골목 아우구스트 거리는 이제 베를린의 현대미술 거리, 그리고 새로운 라이프스타일의 거리가 되었으니 골목의 업사이클링이라 해야 할까?

me, 베를린에서 나를 만났다

힙스터,
현대미술의 중심과 만나다

베를린은 힙스터들이 선호하는 성지^{聖地}다. 힙스터란 도대체 어떤 사람을 의미하는가? 힙스터와 힙이란 말은 한마디로 정의하기 어려운 단어다. 유행을 거부하고 자기만의 방식으로 살기 원하는 독립적인 사고방식과 독자적인 문화코드를 지닌 사람들을 가리켜 미국에서는 힙스터라 말한다. 탈^脫대중, 반^反전체주의적 성향이 강한 사람들이다.

힙은 영어로 아편을 뜻하는 속어인 힙^{hip}에서 유래한 말로 1940년대의 흑인 재즈에 열광하는 사람들을 지칭하는 슬랭이었다고 한다. 그런데 이 말이 본격적으로 유행이 된 것은 1990년대 이후다. 당시 주류 문화와 거리를 두며 독특한 문화적 코드와 패션을 추구하는 젊은이들을 지칭하는 용어가 되었는데, 미국 포틀랜드와 뉴욕의 윌리엄스버그가 대표적인 동네였다. 뉴욕에서 사는 일본인 작가 사쿠마 유미코는 『힙한 생활혁명』이란 책을 통해 미국 내 라이프스타일 개혁의 중심에는 힙스터가 있다고 주장한다. 그녀가 말하는 힙스터의 정의는 다음과 같다.

"힙스터는 대기업 체인이 아닌, 독립적인 커피숍 같은 곳에서 발견할 수 있습니다. 지역 커피숍은 바리스타가 커피를 한 잔씩 손으로 내려주고, 실내장식은 빈티지 가구와 재활용한 자재를 사용하고, 분필로 메뉴를 직접 쓴 타입의 가게입니다."

이 단어가 유래한 미국에서 힙스터는 스스로를 주류가 아닌 비주류로 구분 짓고 개성을 중시하며, 반문화적 성향과 진보적인 정치 성향을 띠는 경우가 많다. 그래서 잘 알려지지 않은 음악과 예술을 가치 있게 여기고 주류를 배척하는 인디성을 추구하는 것이 큰 특징이다. 당연히 그들은 자연친화적인 가치를 존중한다. 자기가 살고 있는 동네 카페에서 커피를 마시고, 골목 책방에서 책을 사고, 그곳의 식당에서 밥을 먹고, 직접 만든 에코백과 과일청을 벼룩시장에서 파는 것을 소중하게 생각한다.

미국 힙스터들은 대학교 졸업 이상의 학력에 경제적으로도 독립한 20대 중반 이상이며 서브컬처에 심취한 젊은이들이 많다. 뿔테 안경이나 수염을 기르고 옛 의류를 입고 픽시 자전거를 탄다. 필요한 것은 직접 만들어 사용한다는 D.I.Y 정신을 존중한다. 무엇인가를 스스로 만들고 스스로 디자인한다는 것은 언제나 중요하다.

이처럼 자기만의 라이프스타일을 창조해내고자 하는 힙스터들의 촉각에 베를린이 닿은 것이다. 힙스터가 찾는 매력도시에는 하나같이 매력 있는 커피가 존재한다. 커피는 현대의 라이프스타일에서 빼놓을 수 없는 요소다. 아우구스트 거리 58번지에 요즘 베를린의 커피 문화를 선도한다는 '반The Barn 커피'가 있다. 한국의 커피 마니아 사이에서도 꽤 이름이 알려진 스페셜 커피 문화의 새로운 강자다.

힙스터를 대표하는 자전거 타기. 아우구스트 거리도 주말이면 골목마다 용도나 모양이 다양한 자전거들을 볼 수 있다

힙스터로서 확실한 차별화의 방법 가운데 하나는 자전거 타기다. 아무리 돈이 많아도 환경을 생각한다는 자부심의 표현이다. 아우구스트 거리 주변도 주말이면 골목마다 자전거 대열로 가득하다. 자전거 용도나 모양도 제각각이다. 연인끼리 혹은 아이와 함께 타는 패밀리 자전거, 자전거 뒤에 승객을 태우는 '벨로 택시Velo Taxi', 세그투어, 팀원들끼리 페달을 밟으면 맥주가 나오는 단체 자전거 등 유형도 무척 다양하다. 베를린에서 자전거는 곧 라이프스타일이다.

얼핏 탈脫 물질주의를 선언하고 있는 것 같지만, 바로 그처럼 물질에 무관심한 척하는 태도 때문에 돈이 몰린다. 역설의 경제학이다. 그러나 이 골목에는 그늘도 적지 않다. 원래 살던 가난한 예술가들은 자본에 밀려 속속 외곽으로 밀려난 것이 현실이다. 원래 살던 사람들이 밀려나는 젠트리피케이션 현상의 극복문제도 이곳의 과제다.

힙스터들은 자기만의 방식으로 예술을 소비한다. 그러면 아우구스트 거리를 중심으로 한 지역이 현대미술의 중심지역이 된 비결은 무엇이며 어떻게 소비되고 유통되고 있을까? 아우구스트 거리와 리니엔 거리 사이에 투콜스키 거리가 있는데, 그곳에는 다비드의 별이 장식되어 있는 〈베트 카페〉가 있다. 다비드의 별이 있다면 그곳은 유대인 관련 시설이다. 길 건너편에 〈안도 파인 아트AANDO Fine Art〉라는 이름이 보인다. '안도'라는 이름으로 일본 갤러리인가 했는데 알고 보니 한국인 변원경 대표가 운영하는 갤러리다. 2009년 이곳에 갤러리를 오픈하였다고 한다.

> "당시에는 미국의 월가를 중심으로 글로벌 경제위기가 터져 나온 직후라 화랑가도 많이 위축될 때였죠. 저는 독일의 에센 대학에서 예술사와 미학을 공부했기 때문에 이곳의 잠재력은 잘 알고 있었어요. 뒤셀도르프의 미술시장을 많이 보면서 곧 베를린 시대가 온다는 것을 직감적으로 알게 되었습니다. 도전하기로 결심하고 갤러리를 오픈하게 되었습니다. 타지역의 갤러리들은 그때 큰 타격을 받아 많이 문 닫거나 위축되었는데 이쪽은 상대적으로 잘 버텼습니다."

개막전은 한국의 사진작가 배병우의 작품이었지만 그렇다고 한국 작품 위주만 하는 건 아니다. 독일, 이스라엘, 네덜란드, 핀란드, 한국 작가 등과 연결된 국제적인 갤러리다. 그는 왜 이곳을 선택했을까?

한국인이 운영하는
〈안도 파인 아트〉 갤러리 입구

"박물관섬의 배후에 위치해 있다는 지리적인 이점이 있지요. 예술 관련 단체나 사람들이 집중되어 있습니다. 2차 대전 이전에도 이곳이 베를린의 화랑가였다고 합니다. 일종의 박물관 배후 스트리트라고 할까요. 아무래도 베를린이 수도이다 보니 국제적인 클라이언트들을 만나기 용이합니다."

원래 독일 최대의 미술시장은 쾰른이었다. 역사적으로도 유서가 깊고 이웃에 본이라는 서독의 수도가 있었던 덕분이다. 쾰른 옆의 뒤셀도르프, 그리고 뮌헨, 함부르크 등 부유한 도시들도 미술시장의 한축을 담당하고 있었다. 하지만 최근 10년 사이 베를린은 놀라운 속도로 주변의 동력을 빨아들이고 있다. 원래부터 베를린은 요제프 보이스, 백남준, 브루스 나우먼, 게르하르트 리히터, 안젤름 키퍼 같은 현대미술의 위대한 이름들과 연결되어 있었다. 과거 함부르크로 떠나는 기차역을 개조한 현대미술관 〈함부르거 반호프〉, 〈신新국립미술관 the Neue Nationalgalerie〉 같은 현대미술관들에 그 작품들이 걸려 있다.

그 전통을 이어받으며 새로운 예술양식의 창조기지로, 또 미술시장의 거래장소로서 베를린은 급격한 성장을 이룩했는데, 이제는 아우구스트 거리를 중심으로 나뭇가지처럼 뻗어나간 갤러리들이 그 역할을 대체해나가고 있다. 지금은 옆의 부루넨 거리, 이웃한 프렌츠라우베르크 지역까지 확산되었다. 베를린이 유럽을 넘어 세계 최고의 현대미술시장으로 주목받고 있는 것은 유대인 파워와 무관하지 않다. 원래부터 이 지역은 유대인들이 중심지였고, 세계 미술시장을 움직이는 주역 역시 유대인들이기 때문이다.

"베를린은 현대미술의 확고한 중심지로 자리 잡고 있어서 작가들과 잘 연결되어 있습니다. 독일 인근의 컬렉터들, 유럽 더 나아가 미국의 수집가들과 어렵지 않게 연결될 수 있다는 것도 이곳의 장점이지요. 베를린에서 갤러리를 하는 또 다른 이점은 능력 있는 젊은 인력을 쉽게 구할 수 있다는 점입니다. 저희 갤러리에 인턴으로 일하는 외국인 친구만 하더라도 독일어, 이탈리아어에다 영어는 당연히 유창하게 합니다. 미술사 혹은 미학을 전공한 사람들로부터 인턴 요청이 줄을 잇고 있을 정돕니다."

변원경 대표는 세계 최대의 미술 거래시장인 아트 바젤에 정기적으로 참여한다. 아트 바젤은 스위스의 바젤, 홍콩, 그리고 미국의 마이애미 등 세 개 대륙에서 전시장을 열고 있는데, 바젤의 심사위원 6명 중 3명이 베를린에 갤러리를 운영하고 있다. 스톡홀름의 갤러리 〈노르든하케〉, 칼스루에의 〈마이어 리거〉, 갤러리 〈노이게림-슈나이더〉가 그들이다.

"간단히 말씀 드리면 아트 바젤에는 한국 전체에서 한두 곳의 갤러리가 참여하는 수준입니다. 그런데 이곳 베를린 한 도시에서만 30개 정도의 갤러리가 참여합니다. 그것만으로도 시장의 비교가 가능하겠죠? 이곳이 현대미술의 메카라는 뜻입니다."

보로스 벙커의
공간혁명

"여기에 왔으면 벙커는 꼭 보셔야 합니다. 차원이 다릅니다."

〈안도 파인 아트〉의 변원경 대표는 몇 번이고 강조했다. 벙커 Bunker는 미테 지역의 라인하르트 거리 20번지에 위치해 있다. 갤러리가 많은 아우구스트 거리에서 슈프레 강변을 따라 도보로 약 15분 정도 거리다. 프리드리히 거리에 있는 공연장 〈프리드리히 팔라스트〉 건너편이다. 콘크리트 외면에는 스프레이 낙서, 정문 옆에는 큼 직한 바위가 막고 있어서 사전지식이 없다면 이곳이 현대미술작품을 수집해놓은 전시관이라고 전혀 생각하기 힘들다. 입구에 아무것도 쓰여 있지 않기 때문에 주의 깊게 보지 않는다면 지나치게 된다.

벙커는 공공 미술관이 아니다. 정식 명칭은 〈보로스 잠물룽Boros Sammlung〉, 영어로 하면 '보로스 콜렉션'이다. 보로스라는 사람이 수 집한 작품을 모아놓은 개인 갤러리다. 벙커는 이름 그대로 1942년 나치가 연합군의 공습에 대비해 방공호로 만들 건물이었다. 2차 대전이 끝난 뒤 이 지역을 장악한 소련의 적군이 포로수용소로 이용했고, 동독정권은 쿠바에서 수입해온 열대과일 저장소로 사용했었다.

베를린 공간혁명의
진수인 〈보로스 벙커〉

당시의 별명은 '바나나 벙커'였다.

통일 직후 이 건물은 독일정부의 소유로 넘어오지만, 젊은이들에게 가장 사랑받던 테크노 클럽과 페티시 파티 등이 열리며 하드코어들이 후끈 달아오르는 광란의 밤을 이곳에서 보냈다고 한다. '사이공의 말로'라는 이름의 요상한 새해맞이 파티가 마지막 행사였다. 언론의 이슈가 되고 각종 사회문제가 발생하자 이 건물은 한동안 폐쇄되었다. 독일 현대사를 압축해놓은 것 같은 이곳이 개인 갤러리로 탈바꿈한 것은 2003년 크리스티안 보로스가 인수하면서부터였다. 시대 변화와 함께 벙커 안의 콘텐츠도 바뀌어 갔으니, 공습대피소→전쟁포로수용소→과일(바나나) 저장소→파티 마니아 공간→현대미술 갤러리의 순서였다.

크리스티안 보로스는 서독 지역의 작은 도시 부퍼탈에서 살면서 광고로 많은 돈을 번 사람이다. 하지만 베를린이라는 도시가 주는 매력에 빠져 베를린으로 이주하였다. 몸만 온 것이 아니라 몇 십년 동안 수집한 자신의 작품들과 함께였다. 계기가 있었다. 그는 퀼른에서 자신이 수집한 작품을 대중들에게 처음 공개했었다. 그런데 전시를 마친 뒤 일부를 집의 벽에 다시 걸고, 일부를 수장고로 돌려보내는 과정에서 묘한 우울함을 맛보았다고 한다. 그 후 그에게 '컬렉션을 쌓아두는 곳이 아니라 사람들에게 보여줄 수 있는 장소를 만들자'는 아이디어가 떠올랐다고 한다. 그는 언론 인터뷰를 통해 이렇게 말하고 있다.

"통일 이후였기 때문에 아직 버려진 건물이 많은 베를린이 떠올랐고, 2년 동안 헤맨 끝에 바로 이곳을 찾아낸 것이죠. 그때 이곳은 완전히 버려진 땅이었고, 지금과 같은 모습은 상상조차 하기 힘들 때였어요. 베를린은 완성되지 않은 도시였고 그만큼 많은 가능성이 있었죠. 개방적인 분위기가 넘쳤고, 무엇보다 이 도시를 새롭게 완성해나간다는 느낌, 그 일부가 된다는 점이 가장 매력적이었습니다."

하나의 영감이 운명처럼 찾아온 순간이었다. 벙커 건물에는 다섯 개 층, 80개의 방, 총 3천 평방미터의 전시 면적을 확보하고 있다. 보로스는 베를린의 어떤 매력을 보았을까?

"베를린은 유일무이한 곳입니다. 이 도시는 기득권 의식을 기피

me, 베를린에서 나를 만났다

위 | 벙커에 전시 중인 보로스 컬렉션 작품 1(Katja Novitskova 작품)
아래 | 벙커에 전시 중인 보로스 컬렉션 작품 2(Michel Majerus 작품)
보로스 잠물롱 홈페이지에서 제공하는 전시회 사진 ⓒNOSHE

하기 때문이지요."

성공한 기득권층인 보로스가 기득권 의식을 기피하는 도시의
분위기에 매료되었다는 것은 재미있는 일이다. 보로스는 2008년부
터 이곳 벙커에서 자신이 수집한 현대미술작품을 공개 전시하고 있
는데, 공개 첫날부터 엄청난 화제를 불러일으켰다. 장소의 상징성
과 건물의 파격성, 그리고 소장자의 특이한 안목 모두 화제였다. 보
로스의 벙커에 수집된 작품은 주말에만, 그것도 사전 온라인 예약에
큐레이터의 안내로 소수만 유료 입장이 가능하다. 수개월씩 예약이
밀려 있을 정도로 인기다. 안전상의 이유로 일반 관람은 허용되지
않고, 최대 12명까지 인원을 제한한다. 다소 엄격한 이곳의 투어는
목, 금, 토, 일 오전 10시부터 오후 6시 반까지 30분 단위로 약 90분
간 진행되는데, 큐레이터가 영어 혹은 독일어로 설명한다. 물론 실
내에서 작품 사진촬용은 금지지만, 자신들의 개인 컬렉션을 기꺼이
나누는 그들 부부의 의도를 감안한다면 오히려 감사한 마음이 든다.

"우리는 예술작품을 소중하게 생각하지만, 사람들만큼 소중하다
고 생각하지는 않습니다. 이곳을 찾는 방문객들은 모두 우리집
에 찾아온 손님이라고 생각합니다."

벙커 입구에는 거대하면서도 거칠고 육중한 철문이 기다리고
있다. 들어가서도 으스스한 기분이 들 정도다. 대피소였던 이 건물
의 원래 분위기를 그대로 살리고 있다(부부는 이 건물의 펜트하우스에
산다. 물론 일반인이 모르는 작품들이 걸려 있다. 그들의 주거공간은 갤러리와

달리 환하다). 주로 설치미술에 중점을 둔 수집작품들을 보면 그와 큐레이터 출신인 카렌 보로스 부부의 독특하고도 분명한 안목을 확인할 수 있다. 작품은 약 700점에 이른다.

영국의 데미언 허스트, 중국의 아이 웨이웨이艾未未, 덴마크의 올라퍼 엘리아슨, 독일 출신으로 런던 외곽에 살고 있는 컬트 사진작가 볼프강 틸만스, 회화에서 비디오 아트까지 전천후로 활동하는 영국 출신 여류 작가 트레이시 에민, 그리고 브라질, 미국 등 다양한 국적을 가진 작가들의 작품을 수집하고 있었다. 처음부터 끝까지 남과 다른 파격적 작품 취향이다. 관람을 하다보면 그만의 강렬하고도 매우 은밀한 취향을 확인하게 된다.

벙커에서는 대부분 설치미술이라 많은 작품들이 영속적이라기보다는 4년에 한 번씩 달라진다. 작품들과 공간의 일치성을 강조한 것도 특징이다. 뿌리 부분이 천장에 달린 나무 작품은 빗자루마냥 머리 쪽이 바닥에 끌린 채 빙빙 돌아가고 있었고, 팝콘으로 가득찬 방에는 팝콘이 계속 튀어나오고 있었다. 볼프강 틸만스의「브로콜리」라는 작품을 보면 사진이 왜 현실의 모사가 아니고 예술작품이 될 수 있는지 느끼게 된다. 오래된 음식물처럼 일상적인 작품부터 전시도 액자 프레임이 아닌 인화물 그대로 벽에 고정시켜 놓는 등, 작가들의 기발한 창의성, 파격성도 놀랍지만 그런 작품을 과감히 수집하는 보로스 부부의 자신감 넘치는 컬렉팅 능력과 안목이 더욱 놀랍다. 보로스 부부는 컬렉션에 있어서 작품도 중요하지만 아티스트가 마음에 들지 않으면 작품을 사지 않는다. 참으로 독특한 취향이다.

'핫hot하다'는 베를린의 현대미술이 과연 어디까지 와 있는지 살펴볼 수 있는 진정한 핫 플레이스인〈보로스 벙커〉. '베를린은 기득

벙커 입구의 거대하면서도 거칠고
육중한 철문. 대피소였던 이 건물의
원래 분위기를 그대로 살리고 있다

me, 베를린에서 나를 만났다

권 의식을 기피해서 좋다'는 그의 말처럼, 보로스 본인의 예술적 취향도 선택도 기득권 의식에 젖어 있지 않다. 취향도 과거가 아니라 현재, 아니 미래에 초점이 맞춰져 있다.

2008년 시작된 〈보로스 잠물룽〉의 첫 번째 시즌은 '빛'을 주제로 전시를 구성했고 12만 명의 방문자라는 놀라운 기록을 남겼다. 앞으로도 얼마나 많은, 그리고 얼마나 더 다양하고 더 파격적인 작품을 소개할지 궁금하지 않을 수 없다. 벙커는 단순한 공간의 리사이클링이 아니다. 기존 공간의 정체성을 살리면서 새로운 공간으로 탄생시킬 때는 공간의 업사이클링이란 말을 쓴다.

"건축이란 거울이다."

독일신문의 헤드라인처럼 보로스의 벙커는 베를린의 얼굴, 현대미술의 오늘을 비추는 거울과도 같은 존재다.

색즉시공의
마법사

베를린 여행은 괴테식으로 표현해 북위 52도 선상에서 시작한다. 정확하게는 북위 52도 31분(52° 31′)이다. 실감이 나지 않는다면 이곳이 바이칼 호수 변에 있는 시베리아의 도시 이르쿠츠크와 위도가 비슷하다는 걸 떠올려보면 된다. 혹은 서울이 38도 아래에 있다는 것을 생각한다면 이 도시가 얼마나 북쪽에 있는지 알 수 있으리라. 겨울엔 오후 4시가 되기 이전에 어두워지지만 반대로 여름철엔 밤 10시까지 거리가 환하다.

처음 베를린을 방문한다면 슈프레 강변과 그곳에 자리 잡고 있는 〈이스트사이드 갤러리East Side Gallery〉에서 베를린 여행을 시작하면 어떨까? 갤러리라는 말에 그림을 싫어한다는 말은 부디 하지 말기 바란다. 세상 그 어느 곳에도 없는 이 도시만의 색다른 광경이 기다리고 있으니까. 서베를린의 크로이츠베르크 쪽에서 접근할 수도 있지만 지하철 1호선의 종점 '바르샤바 거리Warschauer straße' 역에서 내리는 것을 권한다. 바르샤바라는 이름에서 풍기듯 이곳은 옛 동베를린의 프리드리히스하인 지역이고, 젊은이들 사이에 폭발적 인기를 누리는 클럽 베르크하인이 멀지 않다. 베를린 사람들이 S-반S-Bahn이라 부르는 도

시전철도 이 역에 정차한다.

　역에서 나와 약 10분 정도 강 쪽으로 걸어 내려가면 다리를 만나는데, 그 다리를 넘기 직전 우측으로 길게 뻗은 장벽이 보인다. 그곳이 바로 〈이스트사이드 갤러리〉다. 미술관이 거리로 튀어나온 듯, 아니 예술작품이 폭발하는 듯하다. '이스트사이드'라는 운치 있는 이름 그대로 베를린 장벽의 동쪽 측면에는 1,316미터에 걸쳐 28개국 작가들의 그림 105개가 그려져 있었다. 세계에서 가장 크고, 가장 오래 지속되고 있는 야외 캔버스다.

　베를린 장벽은 예고도 없이 갑자기 붕괴되었다. 국제정세가 급박하게 돌아가던 혼란의 와중인 1989년 11월 9일이었다. 서독정부나 서베를린시 당국도 당황하기는 마찬가지였다. 장벽이 붕괴된 뒤

베를린 장벽 동쪽 측면 1,316미터, 28개
국의 작가, 105개의 그림이 전시된 세계
에서 가장 크고, 가장 오래 지속되어 있
는 야외 캔버스, 〈이스트사이드 갤러리〉

동독정권이 공식적으로 국제무대에서 퇴장하고 통일될 때까지 1년
동안 질풍과 노도의 시간이었다. 장벽에 새겨진 그림들은 바로 그
혼란의 시대적 산물이다.

1990년 2월부터 9월까지 'VBK'와 'BBK'라 부르는 두 개의 독일
예술가 그룹이 자유의 가치를 기리자는 뜻에서 저마다 개성 있는 그
래피티 작품을 장벽에 남겼다. '인디아노'라는 가명을 쓰던 위르겐
그로쎄, 보도 슈펠링 같은 독일의 스트리트 아티스트들과 티에리 누
아, 카스라 알라비 같은 외국 작가들도 참여하였다.

소련 공산당 서기장 브레즈네프와 동독의 1인자 호네커가 공산
주의 형제애를 뜻한다는 키스 장면, 동독의 체제를 희화화한 재기
발랄함, 변화된 시간을 기록하고 '행복감-더 나은 희망-세상 모든

me, 베를린에서 나를 만났다

사람들을 위한 더 자유로운 미래' 같은 주제가 다뤄졌다. 답답했던 장벽 전체가 살아 있는 미술관, 라이브 예술무대로 바뀌어졌다. 특수한 역사와 특별한 공간이 만나 세상 어느 곳에서도 찾아볼 수 없는 베를린만의 독특한 창작공간으로 변한 것이다. 상상력의 위대함이다.

이 장벽은 기억의 장소다. 대부분의 베를린 장벽은 철거되었지만 이곳만큼은 역사적 의미와 예술성을 감안해 보존이 결정되었다. 세월이 흘러 많은 그림이 침식되거나 낙서, 혹은 심하게 훼손되어 복원작업을 펼쳐야 했다. 현재는 〈이스트사이드 갤러리〉의 작품들은 안전망으로 보호되고 있으며 장벽에 새롭게 채색하거나 훼손하는 행위는 처벌받는다는 경고문구가 곳곳에 새겨져 있다. 슈프레 강

■
위 | 드미트리 브루벨Dimitri Vrubel 작, 「형제의
키스Fraternal Kiss, My God, Help Me to Survive, This
Deadly Love」, 소련 공산당 서기장 브레즈네프와
동독의 1인자 호네커의 키스 장면은 공산주의
형제애를 희화화했다
아래 | 소련 개혁을 지휘한 고르바초프, 그 덕분
에 독일통일은 가능했다. 장벽은 기억의 장소다

me, 베를린에서 나를 만났다

현재 〈이스트사이드 갤러리〉
의 작품들은 훼손방지를 위
해 안전망으로 보호되고 있다

과 근처 다목적 경기장 사이의 접근을 용이하게 하기 위해, 기존의
위치에서 40미터 서쪽으로 옮겨졌고 인근 아파트 건설을 위해 일부
구간이 논란 속에 철거되기도 했다.

깊이 패여 있던 상처가 아물어 마침내 건강한 세포가 살아나듯
장벽이라는 흉터 위에 아름다운 세포가 꿈틀거린다. 회색빛 단조로
웠던 도시의 색은 화려한 색으로 뒤덮였다. 색즉시공色卽是空, 공즉시
색空卽是色의 도시가 된 것이다. "물질적 현상은 실체가 없는 것空이
며, 실체가 없는 것이 물질적 현상이다"라는 불교의 뜻처럼 장벽과
이데올로기는 모두 사라져버렸다.

그 자리를 대체한 것은 화사한 색이었다. 색이 있어 매력적인 공
간으로 탈바꿈했다. 또 다른 의미의 색즉시공의 도시가 된 것이다.

색깔이 있어야 공간이 살게 되고, 공간이 살아나야 섹시한 도시가 된다. 죽어가던 도시 베를린에 활력과 혼을 불어넣은 주역은 예술가와 문화인들이었다. 그들이 도시재생의 마법사였다.

이곳에 잊지 말고 들려야 할 장소가 있다. 〈이스트사이드 갤러리〉 중간에 동독 경비병 차림으로 유료 방문인증 스탬프를 찍어주는 곳이 있는데, 그 옆에 기념품을 판매하는 빈 공간이 있다. 그 안으로 들어가면 큼직한 녹지가 나온다. 앞에는 강물이 흐르고 탁 트인 오픈 공간이 기다리고 있다. 이 강이 이 도시의 한복판을 가르는 슈프레 강이다. 이 강은 폴란드의 수도 바르샤바에서 베를린 사이에 형성된 계곡을 따라 흐르다가 베를린의 서쪽에서 하펠 강과 합류한다.

강물을 사이에 두고 동쪽은 동베를린의 프리드리히스하인, 그리고 강 서쪽은 서베를린의 크로이츠베르크 지역이었다. 양쪽을 길게 이어주는 것이 오버바움 다리Oberbaumbrücke다. 강가에는 자전거를 타고 온 젊은 남녀들이 녹지 위에 누워 평화로운 세상을 즐기고 있다. 단체 투어, 무심하게 낚시 줄을 던지는 강태공, 여행증명사진을 찍는 사람들로 뒤섞여 있다.

오버바움 다리는 18세기 처음 세워졌을 때는 목조 교량이었지만 1896년, 지금처럼 붉은 벽돌 고딕이라는 북독일 스타일로 다시 지어졌다. 위로는 지하철이 다니고, 아래에는 자동차와 사람들이 다니는 더블데크 교량이다. 1961년 동독정권이 베를린 장벽을 건설한 뒤 이 다리를 통한 지하철과 철도 이동이 전면 금지되었다. 동베를린 사람들의 통행은 금지되었고 오직 서베를린 시민들이 동베를린을 방문할 때 도보이동만 허용되었다. 그런 까닭에 오버바움 다리는 베를린의 동서분단을 상징했다.

위 | 〈이스트사이드 갤러리〉 주변은
탐방하는 단체관광객들로 늘 붐빈다
아래 | 동서베를린을 분단하던 슈프
레 강. 지금은 최고의 휴식공간이자
명소로 변했다

me, 베를린에서 나를 만났다

이곳은 한때 세상의 막다른 골목 끝이었다. 주변은 낙후되었었다. 크로이츠베르크는 외국인 이민자들과 가난한 학생들의 터전이었다. 하지만 자유와 예술, 크리에이티브를 추구하는 예술가들에게는 정신적 고향과도 같았다. 강물과 장벽으로 가로막혀 있던 두 구역은 이제 하나의 구䤜로 통합되었다. 허름한 건물들에는 아방가르드 예술의 스튜디오가 몰려 있으며 이국적이고 시크한 카페와 레스토랑 거리로 변했다.

"동서 베를린 통합 뒤 이 지역에서 베를린 최초의 녹색당 구청장이 당선되었습니다. 그만큼 진취적인 성향의 사람들이 많다는 증거입니다."

괴테 인스티튜트에서 개최한 지역탐방 프로그램 전문 가이드의 설명이다. 붉은색 벽돌의 오버바움 다리 위로 노란색의 베를린 지하철 1호선이 씩씩하게 달린다. 슈프레 강과 오버바움 다리는 역사의 거대한 축䤜이다. 동東유럽과 서西유럽이 만나고, 어제와 내일이 만나며, 물과 숲, 차가움과 뜨거움, 인간과 문화가 만나는 접점이다.

베를린 장벽은 더 이상 세상의 막다른 골목이 아니다. 살벌한 냉전의 잔재도 아니다. 새로운 미래를 그리는 거대한 캔버스일 뿐이다. 위대한 공간혁명은 이곳에서 시작되었다.

슈프레 강을 연결하는 오버바움
다리는 동東과 서西 사이의 거대
한 역사의 축 한복판에 놓여 있다

가장 섹시한 단어
쿤스트

"베를린은 예술가들에게 왜 그토록 매력적인 존재인가?"

"Why is Berlin such a magnet for artists?"

BBC방송이 예술의 도시로서 급부상하고 있는 베를린의 매력을 다룬 특집 방송의 제목이었다. 안개가 살짝 끼어 있는 새벽, 베를린의 슈프레 강가로 자전거를 타고 출근하는 턱수염이 멋진 남자의 모습을 카메라가 따라가는 것으로 이 프로그램은 시작하고 있었다. 지적인 분위기에 중년의 섹시함을 갖춘 이 남자는 이제 막 런던에서 베를린으로 일자리를 옮긴 크리스 덜콘이었다.

크리스 덜콘Chris Dercon은 누구인가? 벨기에 출신으로 네덜란드의 암스테르담과 라이덴 대학에서 예술사와 연극, 영화이론을 전공한 미술사가인 동시에 유명 큐레이터이다. 그에게 세계적 명성을 가져다준 것은 런던의 〈테이트 모던〉 미술관장직이었다. 〈테이트 모던〉은 테임즈 강변에 있던 화력발전소를 현대미술 갤러리로 개조한 것으로 런던 최고의 명소 가운데 하나다. 덜콘 관장은 2010년부터 2016년까지 7년 동안 이 미술관의 관장으로 재직하는 동안 혁신적

me, 베를린에서 나를 만났다

〈폴크스뷔네〉 극장의 야경.
유럽 최고의 혁신극단 중 한 곳이다

인 아이디어와 과감한 운영방식으로 이 미술관을 세계에서 가장 유명한 현대미술관으로 만들어놓았다. 덕분에 현대미술의 중심이 뉴욕에서 런던으로 건너왔다는 평을 들을 정도였고, 그는 런던 문화계의 스타가 되었다.

그런데 그 덜콘 관장이 활동무대를 런던에서 베를린으로 옮긴 것이다. 그것도 박물관이나 미술관이 아닌 〈폴크스뷔네Volksbühne〉 극단이라는 연극 극단과 공연장의 최고 책임자로 초빙된 것이다. 물론 〈볼크스뷔네〉는 현재 세계에서 가장 활발한 공연무대를 올리는 혁신적인 극단으로 유명하지만 당시에는 유럽 문화계에 하나의 사건이기에 충분했다. 특히 런던이 받은 충격이 이루 말할 수 없었다. 덜콘은 2017년 〈폴크스뷔네 극장〉 취임기념 회견에서 유창한 독일

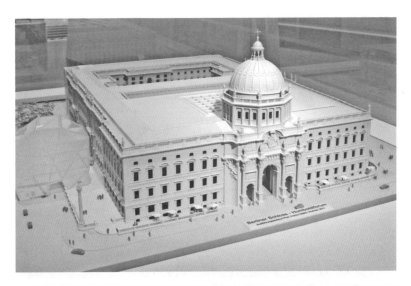

위 | 〈훔볼트 포럼〉은 폭격과 동독정권에 의해 파괴된 왕궁 자리에 궁전을 재건해 학술, 예술, 문화 기관을 배치하는 베를린의 초대형 프로젝트다

아래 | 〈훔볼트 포럼〉 건물은 2013년 12월 요하임 가우크 Joachim Gauck 대통령이 첫 삽을 뜨고 2019년 완공 예정이다

me, 베를린에서 나를 만났다

어로 새로운 것에 도전하는 도시의 분위기에 이끌려 베를린으로 옮기게 되었다고 말했다.

이에 앞서는, 영국 문화계의 거물인 로버트 닐 맥그리거가 〈훔볼트 포럼〉의 최고 책임자로 영입되어 유럽 문화계를 놀라게 했다. 맥그리거는 런던의 내셔널 갤러리 관장과 대영박물관 관장을 모두 섭렵한, 영국에서 가장 영향력 있는 문화계 인사 가운데 한 명이다. 그가 새롭게 옮긴 베를린의 〈훔볼트 포럼〉은 베를린의 세종로라 할 수 있는 운터덴린덴 거리, 폭격과 동독정권에 의해 파괴된 왕궁 자리에 궁전을 재건해 학술, 예술, 문화 기관을 배치하는 베를린의 초대형 프로젝트다. 한마디로 독일정신의 정수를 한자리에 집약시킨 곳에 영국인을 초빙하였으니 여러모로 화제였다. 맥그리거 관장은 인터뷰에서 이렇게 말하였다.

"베를린은 이 도시의 건물들이 취해야 할 모습을 정확하게 계산해서 그대로 이용해왔습니다. 베를린의 박물관과 문화재 시설을 재건하는 모습에서 대단히 놀라운 것은 베를린은 도시가 가야할 모습 그대로 품고 있다는 겁니다."

BBC 방송은 두 문화적 사건을 전하면서 향후 파리의 〈루브르〉, 런던의 〈대영박물관〉의 위상을 위협하는 라이벌 프로젝트가 될 것이라고 전망했다. 그 이유로는 아직도 상대적으로 싼 임대료, 충분한 스튜디오 공간, 그리고 베를린 특유의 금기가 없는 자유로운 공기를 주요 요인으로 꼽았다. 독일정부와 베를린자치당국, 그리고 다양한 기구로부터 지원을 받는 후원시스템이 작가들을 육성하는 힘

슈프레 강변과 박물관섬. 예
술을 의미하는 '쿤스트'는 가
장 섹시한 독일어가 되었다

이라는 것이다.

이 두 사건은 현대미술의 혁신적인 운동을 일으키고 있는 진원
지가 바로 베를린임을 대내외에 널리 알려준 사건들이다. 런던은 그
동안 금융, 문화, 축구, 엔터테인먼트, 법률시장 전반에 걸쳐 유럽에
서 막강한 위치를 누리고 있었다. 그 때문에 브렉시트 사태 이후 적
지 않은 영향이 있었는데, 문화와 예술 시장에서는 베를린이 그 대
안적 효과를 톡톡히 누리고 있다. 예술시장으로서의 뉴욕과 런던의
영향력은 물론 여전하지만, 주변 도시들의 베를린에 대한 긴장감은
더할 수밖에 없다.

2017년 베를린에서 세계 예술계와 문화계를 깜짝 놀라게 한 또
다른 뉴스가 터져 나왔다. 57회 베니스 비엔날레의 최고 영예인 황

me, 베를린에서 나를 만났다

금사자상과 최고예술가상 모두 독일과 독일 작가에게 돌아갔고 두 작가 모두 베를린을 기반으로 활동 중인 까닭이었다. 술렁거리는 소리가 들렸다.

"독일인들이 기계는 튼튼하게 만들지만 어딘가 딱딱하고 투박한 사람들 아닌가? 그런데 어떻게 베를린이 현대예술 최고의 영예를 가져갔다는 말인가?"

베를린은 예술을 사랑하는 이들에게 파라다이스다. 세 개의 오페라하우스, 50여 개의 연극 극장, 175개의 박물관과 미술관, 600여 곳에 이르는 사설 갤러리, 베를린 영화제와 130여 개의 극장이 있다. 정식 등록된 6천 명의 예술작가들, 등록되지 않은 사람들까지 합하면 약 2만 명의 작가들이 이 도시에 살면서 활동하고 있다. 이들이 '크리에이티브Creative 베를린'의 기반을 튼튼하게 받치고 있다. 더 나아가 70만 명 이상이 문화예술 분야에 종사하고 있는 것으로 집계된다. 베를린 인구가 350만 명인데, 베를린 시민 다섯 명 가운데 한 명은 창의적인 분야에서 일하고 있다는 뜻이다. 크리에이티브 경제를 담당하고 있는 두터운 예술 인력이다.

통계는 경제적 성공을 입증하고 있다. 독일은 2016년 1.9퍼센트라는 견고한 성장세를 이룩했고 유럽연합 경제의 견인차 역할을 하고 있는데, 이 가운데서도 특히 수도 베를린은 2.7퍼센트의 성장률을 보였다. 독일 전체에서 최고다. 베를린 경제의 5분의 1은 크리에이티브 분야와 문화에 종사하는 사람들에게서 나온다. 이 분야는 2009년 이후 매년 5퍼센트 이상의 놀라운 성장세를 기록 중이다. 독일 내 다른 도시에서 거의 찾아보기 힘든 특징이다.

젊은이들이 이 도시로 몰려드는 현상도 주목할 만하다. 예술가, IT 인력 등 젊은 인력, 젊은 자본, 젊은 생각, 젊은 디자인이 이 도시를 성장시키고 있다. 도시도 사람과 마찬가지여서 젊은 피가 돌아야 신진대사가 원활해진다. 예술가들의 창조적인 역량이 혁신적인 라이프스타일로 이어졌고, 그 라이프스타일은 도시의 경제를 기적처럼 부흥시켰다. 한때 상처와 트라우마의 상징이었고, 그라운드 제로였으며 세상의 끝이었던 도시는 이제 과거가 아닌 미래를 말하고 있다. 외국인들이 몰려오고 있고, 떠났던 유대인들도 하나둘 돌아오고 있다.

흔히 예술가는 돈을 쓰기만 하는 존재라 한다. 하지만 베를린의 부흥을 일으킨 주역은 예술가들이다. 그들은 창의적인 것과 아름다움이라는 무형적 가치를 돈과 경제라는 유형가치로 전환시켰다. 그러니 이들을 가리켜 베를린의 진정한 연금술사라 부르지 않을 수 있겠는가. 딱딱하게만 들렸던 독일어 '쿤스트kunst'. 예술을 의미하는 이 독일어 단어를 이해하는 세계인들이 이제는 제법 많다. 가장 섹시한 단어가 되어가고 있는 것이다.

베를린 거주 작가에게 듣는
현대미술

예술에 관한한 베를린은 독일인의 도시가 아니다. 글로벌 시티이며, 국적에 얽매이기를 원치 않는 정신적 아나키스트 anarchist 들의 해방 구다. 독일 국내뿐 아니라 세계 각국의 재능 있는 작가들이 베를린 으로 몰려든다. 특히 구 소련연방과 동구권의 재능은 있지만 가난한 작가들이 꿈을 찾아 이 도시에서 작업 중이다. 멀리 아시아에서 온 작가들도 적지 않다. 중국, 일본, 베트남 출신의 예술가들을 어렵지 않게 만날 수 있는 곳이 바로 베를린이다. 베를린에서 활동하는 외

쿤스트할레 브란덴부르크
개인전 〈비밀의 문자〉

국 작가들의 일상은 과연 어떨까?

　김혜연 작가는 베를린을 무대로 활동하는 명성 있는 동양작가 가운데 한 명이다. 그녀는 서울대학교에서 독문학을 전공한 독문학 도였지만 베를린에서 미술과 미학으로 박사학위를 받았다. 그와 더불어 미술종합대학인 UDK에서 작가로서의 실기역량을 다진 뒤 본격적인 작품활동 중인 특이한 이력을 가지고 있다. 베를린예술가협회의 회원이면서 영주권도 있다. 그러하기에 독일작가와 똑같은 자격과 대우를 받으며 활동하고 있다.

　예술가의 스튜디오는 작가의 창작이 이뤄지는 내밀한 처소다. 예술가가 어떤 공간에서 작업하는지, 그 일상을 엿보는 일은 마치 그의 사생활 비밀을 훔치듯 흥분되고 자극적이다. 알렉산더 광장에 있는 스튜디오에서 예술도시로서의 베를린에 관한 이야기를 들었다.

Q: 스튜디오를 동베를린의 상징과도 같은 알렉산더 광장 부근에 얻었다. 특별한 이유가 있는가?

　"스튜디오가 들어서 있는 곳은 과거 동독의 국영 텔레콤 회사 건물이었다. 통일 뒤 베를린 시당국이 사들여 건물 전체를 문화와 예술작가들의 작업실 용도로 변경했다고 한다. 5층 건물 한 개에 층마다 20개의 작업실이 들어 있으니, 건물 하나에 약 100곳의 문화예술인이 활동하고 있는 셈이다. 작가로 정식 등록된 예술들에게는 조건이 매우 파격적이다. 임대료는 상상 못할 정도로 저렴하다. 천정이 높아서 작업하기에 매우 좋다. 분단도시에서 온 작가로서 동베를린의 랜드마크 부근에 스튜디오가 있다는 상징성도 무시할 수는 없다. 이곳에서 나는 하루 종일 작업

만 한다. 보다시피 스튜디오 안에 아무것도 없고 오로지 그림 그
리는데 필요한 화구들만 있다. 매우 단순한 공간이다. 최대한 그
림에만 집중하도록 방해되는 것들은 모두 치워놓았다.”

Q: 날씨도 좋지 않고 언뜻 보기에 재미없다고 하는 베를린에서 작업
　하는 이유는 뭔가?
　“이 도시는 창작에 집중하게 만드는 그 어떤 진지함, 진중한 공
　기가 있다. 시간을 허투루 쓰지 않게 만든다. 높은 생산성이 중
　요하다. 1년 내내 세계적인 작가들의 수준 높은 전시를 볼 수 있
　으니 자극도 되고 내 작품의 수준을 가늠해 보고 흐름도 알게
　된다. 베를린에서는 젊은 기운을 얻게 되는데, 예술가에게는 아

주 중요한 요소다. 작가로서 현재 나의 위상을 확인해볼 수도 있고 안주하지 않게 만들어주니까. 게다가 베를린은 분단이라는 공동의 정서가 흐른다."

Q: 예술도시로서 베를린을 어떻게 보는가?

"공기가 있어야 숨을 쉬는 것처럼, 도시에는 예술이 필수적이라는 인식이 가득하다. 베를린의 예술가 지원정책도 합리적이다. 작품 창작에서 수집가에 이르는 전체 시스템이 건강하다. 일단 작가로 등록된 정식 회원증이 있으면 파격적인 임대료의 작업실을 구할 수 있다. 건물 소유주와 협상을 해 싼값에 임대하거나 문화 친화적인 NGO들, 심지어 베를린 시당국이 자체 구입해 예술가들이 작업할 수 있도록 허용하는 방식이다. 붓이나 물감 등 그림도구도 할인된 가격에 구입할 수 있다. 행정적으로나 시민사회 전체가 예술가를 도시에 꼭 필요한 존재로 인식해주는 암묵적 분위기가 무엇보다 매력적이다. 한마디로 예술도시로 만드는 역량과 동력이 넘치는 곳이다."

Q: 한국의 파주와 베를린의 스튜디오를 오가며 작업을 하고 있다. 힘든 장시간의 비행시간을 마다하지 않고 버틸 수 있는 힘은 무엇인가?

"자신이 하고 있는 일의 중요성을 알아야 한다. 확신이 있어야 버틸 수 있다. 전문작가가 된다는 것은 작품을 누군가에게 보여줘야 하고, 그것이 팔려야 한다는 말이다. 그래야 다음 작품을 할 수 있다."

다니엘 바렌보임과
한스 샤로운의
베를린 필하모니

독일 사람들이 니젤른Nieseln이라 부르는 안개비가 내린다. 실처럼 아주 가느다란 비여서 이런 날에는 우산보다 비옷이 제격이다. 베를린 여행의 필수품으로 후드 달린 옷을 가져가야 하는 이유는 바로 이런 날씨 때문이다. 비가 내려도 여행자의 발걸음은 쉴 수가 없다. 베를린 필하모니를 방문하기로 하였기 때문이다.

"베를린 필하모니는 음악을 가운데 두는 곳입니다."

한스 샤로운이 1956년 12명의 건축가들의 치열한 경쟁을 뚫고 베를린 필하모니 홀의 재건 설계안에 당선된 뒤 했던 유명한 말이다. 그 이전까지 세상의 거의 모든 음악 홀이나 공연장은 무대가 맨 앞에 위치해 있었다. 그 이유는 연주자나 공연자가 무대에 서서 객석을 향하여 일방적으로 음악을 던져주는 것이 당연하게 여겨졌기 때문이었다. 객석과 무대의 경계를 이루는 설계를 건축용어로 프로시니엄proscenium이라 부르는데, 이런 구조의 연주장에서는 같은 공간에 있으면서도 양방향의 음악적 유대감을 갖기 어렵다. 그런데 한

me, 베를린에서 나를 만났다

단원들이 출입하는 베를린 필하모니
후문. 한스 샤로운이 설계한 건물이다

스 샤로운은 연주장에 혁신적 공간 개념을 도입한 것이다. 베를린 필하모니의 음악감독인 거장 헤르베르트 폰 카라얀이 그 제안에 끌렸음은 물론이다.

한스 샤로운이 주목받는 또 하나의 이유는 베를린을 문화의 도시로 환원시켜야 할 당위성을 주장하면서 베를린 장벽과 가까운 곳에 쿨투어포룸Kultur Forum 문화의 광장을 세우자고 주장한 것이다. 이는 분단 상황 속에 있던 서베를린이 문화도시로 자리매김하는 데 결정적 역할을 하는 정책이었다. 냉전과 체제 경쟁을 베를린의 선물로 활용한 지혜였다.

그가 설계한 필하모니 실내에 들어서니 로비에서부터 새로운 공간 풍경이 나타났다. 입구에서 각각의 높고 낮은 객석으로 흐르는

장벽 옆에 세워진 베를린 필하
모니 건물. 건물 뒤로 포츠담 광
장, 그 앞은 쿨투어포룸이 있다

베를린 필하모니를 방문
한 세계 각국의 관람객들

듯이 이어지는 동선이 그 특징이다. 원래부터 외벽의 위층을 금으로
양극 처리한 알루미늄으로 덮은 재질도 특이하다. 실내 객석은 다양
한 높이와 각도로 배치했고 무대에서 좌석까지의 거리가 가장 멀리
떨어진 경우라도 35미터에 불과했다. '마치 언덕 비탈의 포도원처
럼' 객석이 배치되었다던 표현 그대로다. 세계적인 음향학자인 로타
르 크레머의 음향 자문도 받았다고 한다.

　이처럼 유서 깊은 베를린 필하모니에서 점심 약속이 있었는데,
만나기로 한 사람이 날씨도 그렇고 하니 외부로 나가는 대신 칸티네
에서 가볍게 요기하고 커피를 마시며 대화하는 게 어떠냐고 제안했
다. 칸티네란 간이 구내식당을 말하는데, 그런 만큼 외부에서 먹는
것에 비해 가격이 훨씬 저렴하다.

위 | 필하모니 칸티네의 백 스테이지
아래 | 악기 소리, 단원들 소리, 직원
들이 한데 엉켜서 마치 음표와 악보
가 공중에 날아다니는 듯하다

콘체르트하우스에서 열린 다니엘 바렌보임 지휘의 연주회. 베를린은 인종이나 국적에 관계없이 문호를 활짝 열어놓아 재능 있는 예술가들이 몰린다

필하모니의 칸티네는 연주장 뒤편, 즉 백 스테이지에 위치해 있어서 때마침 쉬러 나온 단원들이 만지고 있는 악기 소리, 대형 악기 보관함, 직원들이 한데 엉켜서 마치 음표와 악보가 공중에 날아다니는 듯했다. 줄을 서서 차례를 기다리고 있을 때 옆에서 노신사의 음성이 들렸다.

다니엘 바렌보임이었다. 그는 슈타츠오퍼Staatsoper의 음악감독이지만 이곳에서 연주를 위해 리허설 중이었다. 유명 첼리스트 자클린 뒤프레와의 가슴 아픈 사랑이 엊그제 일 같은데, 거장의 나이는 어느덧 75세가 되었다. 무대 위에서 지휘할 때는 거인처럼 보였지만 실제 키는 작았다. 반바지 차림의 단원 한 명과 매우 자유로운 복장으로 대화 중이었다. 그는 아르헨티나에서 태어나 이스라엘, 이탈리아, 스페인을 거친 덕분에 세계 주요국가의 언어는 모두 유창하게 구사할 줄 아는데, 그날의 대화 언어는 독일어였다. 그는 단원에게 일방적 지시가 아니라 끊임없이 질문을 던지고 있었다. 결국 그 단원은 고개를 끄덕거리고 자리를 떠났다.

며칠 뒤 그가 이끄는 슈타츠카펠레, 그리고 슈타츠오퍼와의 협연을 보기 위해 유서 깊은 콘체르트하우스로 향했다. 그곳은 베를린에서 가장 아름다운 광장으로 알려진 잔다르멘마르크트에 자리잡고 있다. 프랑스 교회와 독일 교회의 쌍둥이 교회 사이에 건축적으로 꽉 찬 조화로움과 균형을 보여주는 곳이다.

프랑스 교회는 베를린으로 망명 온 프랑스 신교도인 위그노들을 위해 1700년대에 지어진 교회로 베를린의 관용정신을 상징한다. 당시 베를린에 온 위그노의 숫자는 약 5천 명으로 당시 베를린 전제 주민 5분의 1에 해당하였다. 이들은 몸만 아니라 기술과 예술, 언어,

베를린에서 가장 아름다운 광장이라는 잔다르멘마르크트. 콘체르트하우스와 오른쪽은 프랑스 이민자들인 위그노를 위한 프랑스 교회

생각을 가져와 30년 전쟁으로 피폐해진 베를린과 주변 지역에 결정적 도움을 주었다. 그렇듯 베를린의 음악계는 국적이나 인종에 관련 없이 문호를 활짝 열어놓고 있다. 슈타츠오퍼의 단원 88명 가운데 한국 음악가들이 10퍼센트를 차지할 정도다.

다니엘 바렌보임의 연주회 레퍼토리는 러시아 출신의 젊은 피아니스트 데니스 코츠킨과의 라흐마니노프 피아노 콘체르트, 드뷔시, 현대작곡가의 창작곡까지 다양했다. 드뷔시의 곡에서는 오케스트라 단원들 옆에 합창단을 앉혔고, 라벨의 곡에서는 그 자신이 단원 속으로 들어갔다. 비록 걸을 때 아슬아슬해 보였지만 포디엄에 선 그는 위엄과 카리스마로 넘쳤다. 폭발적인 에너지와 광채를 내뿜었다. 그는 음악을 통해 관객들과 진정한 대화를 나누고 싶어 했다.

객석에서는 끝없는 기립박수와 갈채로 화답하였다. 역시 마에스트로였다.

"저는 바렌보임 선생님이 국립오페라에 부임한 직후부터 함께 일하고 있는데, 정말 대단하세요. 저희 극장의 전용 레퍼토리만 1년에 35개 정도 되고, 이곳 베를린뿐 아니라 스페인과 이스라엘-팔레스타인, 세계 곳곳에 벌려놓은 음악 프로젝트만 연간 몇 십 개인지 몰라요. 게다가 개인 피아노 독주회도 하잖아요. 생각도 그렇고 음악적 시도도 그렇고, 이 도시만큼이나 언제나 열려 있어요."

1992년부터 25년 동안 베를린 국립오페라에서 바렌보임과 함께 일하고 있는 단원 권복희 씨의 말이다. 열려 있다는 그녀의 말이 구체적으로 무슨 뜻인지 며칠 뒤 확인할 수 있었다. 그는 빔 벤더스와 손잡고 비제의 오페라 「진주 조개잡이」를 무대에 올렸다. 빔 벤더스는 쿠바의 전설적인 음악인들을 모아 「부에나비스타 소셜클럽」이라는 음악 다큐멘터리를 만들기는 했지만, 「파리 텍사스」, 「베를린 천사의 시」로 잘 알려진 독일의 영화감독이다. '영화감독과의 오페라?' 완전한 파격이다.

생각해보면 누구나 두려움이 있다. 처음에는 이름을 얻지 못할까 두려워하지만, 간신히 얻은 명성이 훼손될까 또 두려워한다. 많은 연예인들이 공황장애로 고생하는 원인이고, 익숙한 레퍼토리에 안주하는 이유이기도 하다. 국내의 연주회에 가면 베토벤, 모차르트, 멘델스존, 차이콥스키, 쇼팽 등 귀에 익숙한 곡들만 연주되지 않던가.

그러나 거장은 과거의 명성에 연연하지 않았다. 마치 욕먹을 각오가 되어 있다는 듯 기존의 것들에 반문과 도전을 하고 있었다. 청중들이 막간에 콘서트 홀 테라스에서 광장의 멋진 야경을 바라보며 샴페인 한 잔을 들고 나누는 대화를 들었다. 사람마다 의견이 엇갈린다. 그들은 대개 연간 회원권을 구입하는 골수 음악애호가들이다. 그런 만큼 관객 한 명 한 명이 매서운 평론가였다.

베를린의 음악계와 언론들은 시끄럽게 논쟁을 하고 있었다. 그러면서 새로운 것들이 생겨나는데 그것이 바로 창의성 creativity 이다. 그 창의성이란 어쩌면 익숙한 것에 대한 질문과 도전에서 시작되는 것일지도 모른다. 보통사람들에게 변덕은 나쁜 것이다. 하지만 음악

연간 회원권을 구입하는 골수 음악애호가들. 그런 만큼 관객 한 명 한 명이 매서운 평론가이다

변화무쌍한 날씨만큼이나 청중들의 기호도 바
뀐다. 그런 까다로운 기호와 엄격한 눈높이가
베를린을 세계 최고의 음악도시로 만들었다

가와 예술가에겐 변덕이 미덕이다. 조변석개朝變夕改, 조령모개朝令暮改,
아침에 바꿨다 해도 더 좋다면 저녁에 바꿀 줄도 알아야 한다. 창의
적인 예술 분위기는 여기서 비롯되는 것이 아닐까. 권복희 씨는 이
도시 특유의 개방정신에 대해 이렇게 말한다.

"음악가들이 공공을 위해 일하는 직업이라는 공감대가 이 도시
에는 갖춰져 있는 듯합니다. 베를린에는 터부가 없어요. 종교, 인
종 따지지 않아요. 음악으로만 말하죠. 음악하는 외국인들까지
먹여 살리고 있으니 대단한 도시입니다. 다른 유럽도시에 비해
물가가 아직 훨씬 쌉니다. 세계 유명 음악가들의 연주가 늘 있는

me, 베를린에서 나를 만났다

창의적인 예술 분위기는 베를린 도
시 특유의 개방정신에서 비롯된다

곳이기 때문에 여행비를 들이지 않고도 좋은 음악을 즐길 수 있
어요. 젊은 음악가들이 오고 싶어 하는 중요한 이유입니다."

연주회장에서 나오니 다시 비가 뿌린다. 베를린의 날씨는 변덕
스러워 종잡을 수 없다. 그러나 날씨만큼이나 까다로운 청중들의 기
호와 엄격한 눈높이 덕분에 베를린은 세계 최고의 음악도시가 되었
다. 변덕스런 날씨마저 축복처럼 느껴지는 이유다.

Chapter 2

베를린, 라이프스타일 도시

베를린은
지금 축제 중

가끔 베를린이 지루하다고 말하는 사람들이 있는데, 놀랍게도 베를린은 축제의 도시다. 연중 끊이지 않고 벌어지는 다채로운 거리행사와 문화 이벤트가 벌어지는 곳이어서 알고 보면 지루할 틈 없다. 세계 컨벤션 산업 연합기구인 ICCA에 따르면 베를린은 2016년 모두 195회의 국제행사를 주관해 '세계 최고의 콘퍼런스 도시'로 선정되었다.

베를린시의 공식 웹사이트(https://www.berlin.de/en/events)에 접속해보면 이 도시에서 어떤 흥미 있는 이벤트와 축제, 견본시장, 행사가 벌어지고 있는지 구체적으로 알 수 있다. 행사가 너무 많고 다양해서 하이라이트만 소개하는 것이 아쉽지만, 이것만으로도 문화도시, 예술도시, 그리고 축제의 도시로서 베를린의 진면목을 확인하기에 충분하다. 이 도시의 성장 동력과 지치지 않는 힘의 원천이 어디에 있는지 짐작할 수 있을 것이다.

• 1월 〈Days of Dance〉

2018년의 첫 시작은 1월 4일부터 14일까지 열리는 현대무용 축

me, 베를린에서 나를 만났다

세계 문화 축제 카니발의 퍼레이드 모습. 베를린은 문화도시, 예술도시, 축제의 도시다

제인 〈Days of Dance 신나는 춤의 축제〉이다. 이어서 1년에 두 번 열리는 〈베를린 패션 위크〉가 1월 16일부터 19일까지 개최되면 매력적인 모델들이 런웨이를 걷는 모습을 볼 수 있는데, 여기에서 베를린을 국제적인 패션 플랫폼으로 만들고자 하는 이 도시의 열정을 읽을 수 있다(패션은 라이프스타일을 구성하는 핵심요소이기도 하다).

• 〈International Green Week〉

1월 19일부터 28일까지 열리는 〈International Green Week〉 기간에는 세계 최대의 식품, 농업, 원예 박람회가 열린다. 1926년부터 시작된 이 박람회는 단순히 상품을 사고파는 시장이 아니다. 이 행사를 통해 먹거리를 중심으로 한 라이프스타일, 그리고 그 미래를

■
베를린은 세계 최대의 식품 농업 박
람회인 〈International Green Week〉
등 연중 195회의 국제행사가 열리는
라이프스타일의 선도 도시다

me, 베를린에서 나를 만났다

짐작할 수 있다. 물론 다양한 쇼와 포럼, 워크숍도 함께 열린다. 뒤이어 벨로드롬에서 6일 동안 펼쳐지는 사이클 경기 〈Six Day Berlin〉, 〈영국 영화제〉, 〈브라질 영화제〉가 각기 다른 매력으로 손님을 불러들인다.

• 2월 〈Berlinale〉

2월에는 세계적으로 유명한 베를린 국제 영화제 〈Berlinale〉가 열린다. 조직위원회로부터 초청받은 400여 편의 영화가 소니센터 부근을 중심으로 상영되며 이 영화제에 즈음하여 〈독립영화제〉, 그리고 디지털 혁명에 발맞춘 미디어 아트와 디지털 문화 페스티벌인 〈Transmediale〉 행사도 개최된다.

〈베를린날레〉 영화들이
상영되는 소니센터 전경

• 3월 〈ITB〉

3월 7일부터 11일까지 열리는 〈ITB〉는 세계 최대의 여행박람회로, 이 행사는 세계 여행 업계가 어떻게 흘러가고 있는지 그 추이를 살펴볼 수 있는 좋은 기회를 제공한다. 흥미로운 것은 3월 2일부터 4일 사이에 열리는 〈Berlin Graphic Days〉인데, 이 행사는 모든 종류의 그래픽 예술을 다루며 라이브 페인팅과 라이브 뮤직의 접목, 예술 마켓과 파티도 함께 선보인다.

• 4월 〈Festival Days Berlin〉

세계 최고의 클래식 음악도시답게 3월 24일부터 4월 2일까지 〈Festival Days Berlin^{독)Fresttage}〉라는 음악축제가 열린다. 다니엘 바렌보임이 음악감독으로 있는 슈타츠오퍼와 베를린 필하모니에서 거행되는 최고급 오페라 페스티벌이다. 2018년의 프로그램을 살펴보면 주세페 베르디의 「팔스타프」, 라하르트 바그너의 「파르치팔」, 그리고 구스타프 말러와 클로드 드뷔시의 곡들이 포함되어 있다. 모두 현대음악의 개척자라는 평가를 받는 작곡가들이다. 이 행사기간 동안 베를린 필하모니에서 거장 다니엘 바렌보임은 지휘자로서 또 피아니스트로서 등장한다.

• 5월 〈International Museum Day〉

5월 13일에 열리는 〈국제 박물관의 날^{International Museum Day}〉 행사도 볼만하다. 박물관의 사회와 문화에 대한 기여 및 그 역할을 알리기 위해 1978년부터 세계 박물관기구인 ICOM이 주도한다. 145개국 3만 5천 박물관들이 동참하는 행사로, 베를린의 대부분 박물관들

me, 베를린에서 나를 만났다

은 이날 시민들에게 문을 활짝 연다. 문화교류와 상호이해 증진, 사회를 풍요롭게 하는 박물관의 역할에 대해 다채로운 포럼, 전시 등이 함께 진행된다. 이 행사에 앞서 5월 2일부터 4일 사이 열리는 〈Re: publica〉라는 행사는 디지털 문화에 관한 세계 최대의 콘퍼런스다. 미디어 전문가와 학자, 뉴미디어 사업가들이 한자리에 모여 머리를 맞대고 기술과 미디어의 융합을 논의하고 예측하는 흥미로운 자리다.

자전거의 도시답게 베를린에서는 〈Velothon Berlin〉이라는 자전거 경주가 열리는데, 베를린에서 구경할만한 대부분의 코스를 도는 행사다. 비슷한 종류의 행사들 중 유럽에서 두 번째로 크기 때문에 많은 베를린 시민들과 방문객들이 참가한다.

계절의 여왕 5월의 하이라이트는 거리의 축제다. 베를린이 얼마나 섹시한 곳인지 눈과 귀로 확인하게 될 거다. 크로이츠베르크와 노이퀼른 지역에서 열리는 〈Carnival of Cultures〉는 거리의 축제다. 독일어로는 'KdK Karneval der Kulturen'라고 불리는데, 베를린 시민들에게 볼거리를 제공하면서 동시에 베를린 거주 외국인들에게는 잔칫날이기도 하다. 누구나 무료로 참가할 수 있는 이 축제는 1996년부터 시작했으니 이미 20년을 넘긴 축제다. 다문화 행사가 많은 런던의 〈노팅힐 카니발 Notting Hill Carnival〉과 로테르담의 〈여름 카니발 the Zomercarnaval〉에서 모티브를 얻었지만 지금은 베를린에서만 매년 130만 명이 참가하는 초대형 행사로 성장하였다. 오순절을 즈음하여 나흘 동안 열리는 이 축제에서는 베를린에 얼마나 다양한 외국인이 거주하는지, 문화적인 다양성을 확인할 수 있다.

다문화와 다양한 가치를 존중하고
포용하자는 시민들의 거리 축제. 베
를린은 독일에서 가장 열린 도시다

me, 베를린에서 나를 만났다

자전거 도시답게 베를린의 시민들이 대거 참여하는 자전거 축제

각각 자국의 고유 의상이나 코스튬을 갖춰 입은 채 120대의 차량과 함께 카니발 경연대회가 개최된다. 세계 각지에서 온 뮤지션과 댄서들, 음악과 고유한 의식, 아크로바트, 마술 등도 선보인다. 300여 개의 각국 음식과 기념품을 살 수 있는 판매대도 있다.

"A Proud Expression of Hybrid Cultural Identities."

"혼종 문화 정체성의 당당한 표현."

이 슬로건은 2018년 베를린 문화축제 조직위원회의 표어였다.

그만큼 베를린은 다문화 사회, 다양한 가치가 함께 어울려 사는 곳이다. 이 축제의 압권은 거리 퍼레이드다. 이때가 되면 베를린 거

〈세계문화축제〉는 아이덴티티,
개방성, 외국어, 다양성, 그리고
융합과 포용정신이라는 매력
도시의 조건을 확인할 수 있다

리는 지상 최대의 무대로 변한다. 노이쾰른의 지하철 '혜르만 광장' 역에서 내리면 쿵쿵 거리는 음악소리와 화려한 코스튬으로 분장한 세계인들의 복장에 흥분하지 않을 수 없다. 사진 찍기에도 최고다. 독재자에 대한 야유와 극우주의에 대한 패러디, 성소수자의 권리주장도 볼 수 있다(2018년에는 5월 8일부터 21일 사이 개최된다).

브라질의 삼바, 칠레, 아프리카, 일본, 베트남, 이탈리아, 네팔 등 베를린에 거주하는 나라 대부분이 참가하는 초대형 축제로, 물론 한국 교민들도 참가한다. 아이덴티티, 개방성, 외국어, 다양성, 그리고 융합과 포용정신이라는 매력 도시의 조건을 확인할 수 있는 축제다.

베를린 인구의 약 15퍼센트는 외국인으로, 47만 명이 외국 국적 소지자다. 이들의 국적은 매우 다양해서, 모두 합하면 190개국에 이른다. 독일 국적 소유자 중에서도 약 12퍼센트에 해당하는 시민 40만 명가량이 외국 출신 이민자의 후손이기에, 베를린에 거주하는 사람들의 인종은 통계보다 훨씬 다양하다고 느껴진다.

베를린 거주 외국인 가운데 압도적으로 많은 외국인은 터키인이다. 터키 출신의 사람들은 대략 20만 명(그 뒤를 폴란드인 4만 3,700명, 세르비아인 2만 2,251명이 잇고 있다)으로 베를린 전체 인구의 6퍼센트 정도를 차지한다. 특히 크로이츠베르크 지역은 '리틀 이스탄불'이라는 별명이 붙어 있을 정도로 터키인 밀집지역이다. 대표적 터키 음식인 케밥을 비롯해 과일 및 채소가게에서 어렵지 않게 터키어를 들을 수 있다.

그 외에도 베를린 거주자가 1만 명 이상 되는 국가를 추리면 이탈리아, 러시아, 미국, 프랑스, 베트남, 크로아티아, 보스니아-헤르체

크로이츠베르크 지역은 '리틀 이
스탄불'이라는 별명이 붙어 있을
정도로 터키인 밀집지역이다

고비나, 영국 등이 있다. 아랍인도 많이 살고 있지만, 무국적자가 많기 때문에 정확하게 통계를 파악하기는 어렵고 대부분은 팔레스타인과 이라크 출신으로 보인다.

특히 이들에게는 독일통일과 사회주의 진영의 붕괴와 더불어 외국인에 대한 개방정책이라는 기조 아래 '해외교포법Aussiedler-gesetze'이 제정되어 구소련 지역으로부터 이민이 합법적으로 허락되었다. 물론 이 시기에 들어온 이민자들은 대부분 독일 교포였지만, 언어는 러시아어를 쓰던 사람들이다. 이들은 베를린 내에서 러시아어를 사용하는 공동체 중 가장 많은 부분을 차지한다. 또한 시리아 난민을 가장 많이 받아들인 국가의 수도가 베를린이다.

me, 베를린에서 나를 만났다

중요한 것은 문화적 관용과 표현의 자유가 폭넓게 보장되는 공기다. 이것이 동성애자였던 클라우스 보베라이트가 베를린 시장으로 당선될 수 있었던 비결이다. 그가 바로 '가난하지만 섹시한 도시 베를린'을 말한 사람이다. 이제는 시장직에서 물러났지만 보베라이트는 2014년 신년사에서 다음과 같이 말했다.

"베를린은 인간적인 도시로 발전하고 있습니다. 인간적 도시의 가장 중요한 기반은 시민들의 포용적인 태도입니다. 베를린의 특징은 인구구성의 특수한 혼합에 있습니다. 서로 다른 출신의 사람들이 서로 공존하는 곳, 이러한 도시에서 가장 중요한 것은 사회적 결속입니다."

이처럼 불과 다섯 달의 이벤트, 그것도 하이라이트만 살펴보았는데도, 베를린은 문화 이벤트, 박람회의 도시라는 것을 알 수 있다. 단순한 문화 이벤트와 행사만이 아닌 관광과 호텔, 그리고 라이프스타일이라는 또 다른 부가가치를 창출해내고 있다. 의식주衣食住, 여기에 휴·락·미·지休樂美知라는 라이프스타일을 구성하는 핵심요소가 모두 망라되어 있음을 알 수 있다. 덕분에 베를린에서 가장 호황을 맞은 분야가 여행과 숙박업종이다.

마스터카드가 세계 여행자들이 가장 많이 찾는 도시를 조사했더니 2016년 숙박일 기준으로 1위는 방콕이었다. 그 뒤를 런던, 파리가 이었고, 베를린은 뉴욕 다음으로 세계 여행자들이 많이 찾는 7위 도시에 랭크되었다. 도시의 경쟁력을 높이는 방향을 가리켜 '더 나은 도시Better City'라 한다면, '더 나은 삶Better Life'은 삶의 질을 높이려는 가치다. 문화와 예술 행사는 여행자의 입장에서는 눈과 귀, 입이 즐겁지만, 도시 입장에서는 새로운 부富를 키우는 역할을 톡톡히 하고 있다. 'Better City이면서 동시에 Better Life'를 이끄는 주역이 바로 문화와 예술이라고 할 수 있겠다.

me, 베를린에서 나를 만났다

BIKINI BERLIN,
내 경험을 디자인하라!

베를리너들이 줄여서 '초^{Zoo}'라 짧게 부르는 '동물원 역'은 오랫동안 서^{西}베를린의 관문 역할을 하였다. 뮌헨, 함부르크, 쾰른 같은 서독 지역에서 오는 여행자들과 멀리 프랑스의 파리, 브뤼셀, 스위스에서 오는 국제열차 승객들도 이 역을 거쳐가야 했다. 열차로 베를린에 도착한다는 것은 곧 동물원 역을 의미하였고, 그런 연유로 동서 분단시절을 겪었던 서베를린 사람들에게는 감회가 남다를 수밖에 없는 장소였다.

하지만 '동물원 역'은 2006년 5월 동베를린 지역에 중앙역이 개통되면서 관문으로서의 역할과 철도교통의 중심지로서의 기능을 동쪽에 넘겨주어야 했다. 물론 지금도 지하철과 도시전철인 S-반을 비롯해 다양한 근거리 철도 노선이 운행되고 시내버스의 종점 역할도 하며 교통의 거점으로서 나름의 명맥을 유지하고 있다. 베를린 여행 명소로 꼽히는 유서 깊은 역사의 쿠담 거리도 바로 이웃이다. 하지만 역 부근에는 노숙자와 마약 혹은 알코올 중독자들이 늘어났다. 활력 넘치는 교통 중심지에서 '올드 웨스트$^{Old West}$'의 상징으로 점차 쇠락해져 가는 양상이었다.

베를린적인 디자인 감각과 라이프스
타일을 느껴볼 수 있는 〈비키니 베를
린〉. 독일 최초의 콘셉 몰을 표방한다

me, 베를린에서 나를 만났다

가장 눈에 잘 띄는 공간에 배치된 팝업 박스는 스타트업과 젊은 디자이너들에게 임대된다

그러던 이곳의 분위기가 일거에 확 바뀌었다. 2014년 이곳에 새롭게 〈비키니 베를린BIKINI BERLIN〉이란 섹시한 이름이 들어서면서부터다. 지하철 동물원 역에서 내려 지상으로 나오면 볼 수 있는 이 건물은 이름에서 풍기는 느낌과 달리 지극히 평범한 건물바깥풍경에 실망스러울지 모른다. 서울의 코엑스처럼 대형 건물도 아니다. 하지만 이곳은 요즘 베를린에서 가장 힙hip하다는 평가를 듣는 곳이다. 베를린적인 디자인 감각과 라이프스타일을 느껴보고자 한다면 일단 안으로 들어가보자.

건물 외벽에는 'Fashion, Food, Design'이라 쓰여 있지만 이곳은 단순한 쇼핑 공간이 아니다. 사무실, 쇼핑 센터, 식당과 카페, 영화관과 호텔, 취미 공간을 망라한 융합 공간이다. 쇼핑몰 가운데 하나가 아닌 독일 최초의 '콘셉 몰'을 표방하고 있다. 아기자기한 옷가게, 플래그십 스토어, 인테리어가 멋진 레스토랑이 곳곳에 자리한다. 중앙에는 흔히 팝업pop-up 박스라 말하는 공간이 설치되어 있는데, 약 20개의 목조 모듈 공간을 스타트업과 젊은 디자이너들에게 일정 기간 동안 임대한다. 이곳에서 그들은 직접 소비자들을 만나고 가장 눈에 잘 띄는 공간에서 자기 제품을 홍보할 수 있다.

〈비키니 베를린〉의 상품들은 어디서나 볼 수 있는 빅 체인점 제품들이 아닌 독립브랜드가 주류다. 때문에 늘 새로운 물건들이 나오고, 패션 감각이 뛰어난 사람들, 개성 있는 신발과 모던한 디자인을 좋아하는 사람들에게 인기다. 한마디로 요즘 베를린의 라이프스타일을 엿볼 수 있는 공간이다. 도대체 라이프스타일이란 무엇일까? 이케아IKEA 코리아의 디자인을 총괄하는 안톤 허크 비스트는 이렇게 말한 적이 있다.

"3년 전만 해도 한국에서 '라이프스타일'이라고 하면, 외국의 문화나 유행으로 받아들여졌습니다. 하지만 지금은 '내 삶에 필요한 무언가를 채우기 위해 꼭 필요한 것'이라고 생각하는 사람들이 늘었습니다."

이케아는 라이프스타일을 총괄해서 성공한 세계적 기업이다. 단지 조립식 가구만 파는 곳이 아니다. 스스로 조립하게 만드는 곳이니 어쩌면 사람들의 시간을 파는 기업이라 말할 수도 있다. 반면에 일본의 상품기획자들은 라이프스타일을 이것을 구성하는 일곱 가지 기둥(의衣 식食 주住 휴休 지知 락樂 미美)으로 분석한다. 의식주에는 건

축, 인테리어 분야도 포함되고 휴식과 쉼의 기술은 호텔과 여행 비
즈니스와 같은 환대산업으로 연결된다. 라이프스타일이란 결국은
나를 알아가는 기술과 취향분석으로 이어진다.

　미국 스탠포드 대학교 3, 4학년 학생들에게 가장 인기 있는 수
업은 '내 삶을 디자인하기'라는 과목이라 한다. 디자인 전문가와 함
께 디자인 사고에 기초한 방법을 활용해 '앞으로 5년 뒤 자신이 살아
갈 세 가지 매우 다른 삶'에 대해 다른 학생들 앞에서 발표하는 것으
로 기말고사를 대체한다. 이것은 학생시절로부터의 자신의 라이프
스타일, 더 나아가 자기 자신을 알아가는 과정일 것이다. 이처럼 라
이프스타일은 이 시대를 관통하는 키워드다.

　'비키니 베를린'이라는 표현에서 이 도시의 라이프스타일을 읽

을 수 있다. 입구에 들어서면 넓은 공간 한가운데 수십 년 된 빈티지 벤츠 자동차 한 대가 자리 잡고 있다. 트렌디한 카페와 의류 상점들 사이로 초대형 창문이 있는데, 시원한 창 바깥으로 동물원의 풍경이 그대로 들어온다. 도심이 갑자기 정글로 변한 것이다. 답답한 콘크리트 문명의 한복판에서 정글을 만난다는 것은 뜻밖이다.

파이브 엘리펀트Five Elephant 커피와 프라이탁 가방 등 이곳의 브랜드가 눈에 뜨인다. 큼직한 계단식 공간과 옥상 정원, 도심 속의 오아시스라는 말 그대로 획기적인 공간 배치다. 실내 디자인 콘셉트는 뉴욕의 '하이라인 파크Highline Park'에서 영감을 받았다고 한다. 업무 미팅을 위한 사람들, 가벼운 차림의 여행자들, 쇼핑 나온 여성들, 홀로 조용히 책 읽는 사람, 친구와 커피를 마시며 담소하는 여성들에

큼직한 계단식 공간과 옥상 정원, 도심 속의 오아이스라는 말 그대로 획기적인 공간 배치의 〈비키니 베를린〉

me, 베를린에서 나를 만났다

이르기까지 다양하다. 인테리어와 디자인에 관심 많은 사람들이 왜 즐겨 찾는지, 감성 공간이라 불리는 이유를 알 것 같다.

비키니 쇼핑몰 오른쪽은 〈25 HOURS Hotel〉이란 이름의 재미있는 호텔이 있다. '패션과 디자인이 있는 당신의 집Your Home of Fashion and Design'이라는 캐치프레이즈처럼 색다른 실내 인테리어로 특히 젊은 여성들의 기호를 만족시키고 있다. 로비에는 해먹이 있는 라운지, 베이커리 같은 곳에 이르기까지 하나같이 독특한 디자인 감각을 자랑한다. 이 호텔을 디자인한 독일 스튜디오 아이스링거Studio Aisslinger의 크리에이티브 팀은 도시 속의 정글 분위기를 창조해냈다고 한다.

호텔 객실은 동물원을 향하거나 도심을 향하거나 양쪽 가운데 하나인데, 정글 엘Jungle L 룸의 경우 바닥에서 천정까지 거대한 통유리로 되어 있고 동물원의 사자나 기린, 코끼리 같은 동물들을 자세히 들여다볼 수 있도록 객실에 망원경을 비치해놓았다. 동물을 좋아하는 현대인의 정서를 반영한 전략이다.

건물 10층 루프탑에는 호텔측이 '몽키 비즈니스를 위한 곳'이라 적고 있는 것처럼 전망이 훌륭하다. 최신 감각의 〈몽키 바Monkey Bar〉는 그 이름처럼 동물원에서 놀고 있는 원숭이들을 한눈에 볼 수 있다. 그리고 그 옆의 〈네니 베를린Neni berlin〉이라는 레스토랑에서는 모로코, 중동, 러시아 스타일의 퓨전 음식을 맛볼 수 있다. 두 곳 모두 테라스 전망이나 야경은 더할 나위 없이 좋다.

〈비키니 베를린〉에 들어오면 가구나 인테리어에서 어쩐지 북유럽의 냄새가 난다. 미니멀하고 자연친화적이다. 베를린은 오랫동안 북유럽 디자인의 출구와 창구 역할을 해왔다. 같은 북유럽이라고 하지만 덴마크, 노르웨이, 스웨덴, 핀란드, 이렇게 나라마다 조금씩 다른 분위기를 흡수하여 자기 방식으로 독특하게 변형시키는 곳이 또 베를린이다.

산업 디자인에서 미니멀리즘의 출발은 사실 독일이었다. 독일 가전업체 브라운의 디자인을 40여 년 동안 이끌며 '미스터 브라운'으로 불리던 디자인의 거장 디터 람스가 그 주인공이다. 스티브 잡스가 사망한 뒤 애플의 수석 디자이너 조나단 아이브는 "애플의 아이폰이나 아이팟의 디자인이 사실은 디터 람스의 디자인을 참고한 것이다"라고 실토하면서 알려진 사실이다. 1950년대 생산된 라디오와 스피커에는 화려한 외형이 많았지만 디터 람스는 불필요한 요소를 과감히 제거해버렸다. 제품에 소비자들이 집중할 수 있도록 단색을 선호하였고, 표면에서는 형태와 선의 아름다움을 극대화하는 데에 디자인의 중심을 두었다. 디터 람스는 "넘치는 것보다 부족한 게 낫다Less but better"라는 말을 남겼다. 이에 앞서 '바우하우스 운동'으로 유명한 건축가 미스 반데어 로에도 "덜한 것이 더한 것이다less is more"란 말로 건축에서 미니멀리즘운동을 이끌었다(독일어로는 "weniger ist mehr"라 한다).

외부 정면에서 바라볼 때 왼쪽부터 가장 고층건물인 오피스 빌딩, 영화관, 그리고 〈비키니 베를린〉콘셉트 몰, 그 옆의 두 번째로 높은 빌딩이 25 HOURS 계열의 호텔, 그리고 오른쪽 끝은 수족관 옆에 달린 주차장의 순서로 이뤄져 있다. 좌우로 긴 쇼핑몰 건물과 그 옆의 극장 건물 사이로 공간이 뚫려 그 사이로 동물원이 보이고, 마치 그 모양이 상하로 나눠진 비키니 수영복을 입었을 때 배꼽이 보이는 것 같다고 하여 그 지역 사람들이 '비키니 하우스'라고 별명을 붙여준 것에서 비롯되어 건물 이름이 지어졌다.

원래의 건물은 2차 대전 종전 이후 혼란기인 1957년에 지어진 것으로 베를린의 역사를 증언하는 몇 안 되는 건물 가운데 하나다 (포스트모더니즘을 대표하는 건축이어서 보존해야 할 건물로 지정되어 있다). 당시 이 건물에는 섬유산업과 의류 생산판매업체가 입점해 있었고, 1960년대 말경에는 60여 개로 늘었지만 갑작스러운 동서 베를린 사이에 장벽 건설로 입점한 업체들은 큰 위기를 맞았었다고 한다. 하지만 30여년 후, 통일된 독일은 쇠락의 길을 걷던 이 건물에 다시 봄을 찾아주었고, 2014년 봄 뮌헨에 본사를 둔 개발업체에 의해 새롭게 단장해 개장하였다.

비키니 베를린의 옥상정원에서 내려다보면 근처에는 카이저 빌헬름 교회와 오이로파 센터가 보인다. 쿠담에서 카데베^{KaDeWe} 백화점까지 이어지는 서베를린의 한 축을 이 건물이 떠맡고 있음을 알 수 있다. 통일 이후 베를린의 중심은 상당 부분 과거 장벽의 동쪽으로 넘어갔다. 그럼에도 불구하고 비키니 베를린은 이곳의 특이한 지리적 위치와 역사를 장점으로 부각시키고 있다. 자신의 경험을 디자인하고 있는 것이다.

〈비키니 베를린〉은 쇼핑과 라이프스타일의 중심지로서의 쿠담의 자존심을 지켜주고 있다. 쇠락되어 가던 지역에 활력을 다시 불러 일으켜 성공적인 도심재생이라는 평을 듣는다. 도심재생은 죽어가던 공간에 다시 생명을 불어 넣는 것이다. 영어로는 도시에 동력을 다시 부여한다는 뜻에서 'urban regeneration어반 리제너레이션 도시재생'이라 표기한다. 단순히 옛것의 보존에 그친 것이 아니라 자기만의 고유한 경험을 디자인하는 능력이 도심재생이며, 새롭게 태어난

<비키니 베를린>은 쇼핑과 라이프스타일의 중심
지로서 쇠락되어 가던 지역에 활력을 다시 불러
일으켜 성공적인 도심재생이라는 평을 듣는다

다는 뜻이다. 〈비키니 베를린〉은 이렇게 외치고 있다.

"Change is not an agenda, but a principle."

"변화란 토론할 의제가 아니라 하나의 원칙이다."

카이저 빌헬름 교회와 오이로파 센터, 〈비키니 베를린〉이 한데 어우러진 동물원 역 전경

양파 같은 문화공간
하케셔 훼페

쓰레기 더미에서 장미가 핀다는 말처럼, 폐허처럼 버려지다시피 하던 동네가 지금은 여행자들의 인기를 독차지 하는 곳으로 변했다. 죽어가던 생명체에서 건강한 세포가 꿈틀거리듯 활력을 되찾았다. 발음하기도 힘든 '하케셔 훼페Hackescher Höfe'와 '하케셔 마르크트Hackescher Markt'의 이야기다.

이곳은 오라니엔부르그 거리Oranienburger Straße의 동쪽 끝에 있어, 아우구스트 거리의 갤러리지역에서 이곳까지는 충분히 걸을 만한 위치다. 동베를린의 상징인 알렉산더 광장까지 가는 중간쯤 위치해 있어 석양이 지면 저녁시간을 즐기기 위한 여행자들이 몰려드는 환상적인 출발점이다. 베를린 장벽이 붕괴된 뒤 가장 뜨는 곳 가운데 한 곳으로 근처에는 로자 룩셈부르크 광장과 그곳에 있는 연극극장인 폴크스뷔네가 있다.

베를린의 도시전철을 타면 하케셔 마르크트 역, 지하철은 바인마이스터 거리, 길 위를 오가는 전차인 트램은 깁스Gips 거리에 하차하면 된다. 하케셔 마르크트란 원래 시장이 있던 곳이기에 그런 이름이 붙어 있다. '하케'라는 이름의 유래는 프로이센시대인 1750년

마치 양파껍질을 벗기는 것처럼 건물 안에 또 다른 건물과 중정이 나온다. 동화처럼 신기한 분위기가 감도는 공간이다

경 이곳의 개발담당 책임자 한스 크리스토프 프리드리히 그라프 폰 하케Hacke라는 사람의 이름에서 딴 것이라 한다.

지상 8미터 위로 달리는 도시전철 하케셔 마르크트 역은 베를린에서 가장 오래되고 가장 잘 보존된 역 건물 가운데 하나인데, 동독시절에는 막스 엥겔스 광장 역으로 불리었다. 붉은색 벽돌 건물로 건축된 이 건물은 1878년부터 1882년 사이에 요하네스 폴머의 디자인으로 지어졌는데, 창문의 장식, 벽돌, 세라믹 모티브 같은 것이 특징이다. 이 건물이 역사보존 건물로 지정되어 있기는 하지만 여전히 베를린의 동과 서를 연결하는 주요 교통 연결망 역할을 하고 있다.

역 앞 광장에는 매주 목요일과 토요일일마다 작지만 아담한 전통시장이 열린다. 터키상인이 파는 과일가게에서 수박 한쪽을 사

역 앞 광장에서 매주 목요
일과 토요일마다 열리는
작지만 아담한 전통시장

서 갈증을 해결하기에도 좋다. 평화롭게 전차가 지나는 길을 건너
면 그곳이 바로 하케셔 훼페다. 독일어로 '호프Hof'란 영어의 '코트
야드courtyard'와 같다. 한자로는 '중정中庭'으로 표현되는, 건물이나 담
장으로 둘러싸인 마당을 말한다. 회페란 호프의 복수형이다. '하케
셔 훼페Hackescher Höfe'는 한두 개도 아니고 여덟 개의 중정이 잇따라
나오는 매우 독특한 건물이다. 마치 양파껍질을 벗기는 것처럼, 아
니 인형 속에 또 다른 인형이 계속 나오는 러시아의 마트료시카 목
각인형처럼 건물 안에 또 다른 건물과 중정이 나온다. 동화처럼 신
기한 분위기가 감도는 공간이다. 가용총면적 2만 7천 평방미터, 건
물의 외경은 유겐트 스타일—'아르누보양식'을 독일, 오스트리아 등 독일
어 권에서 부르는 말. '근대양식'이란 뜻으로, 1890~1910년경 유행하였던 스

건물 사이사이마다 개성 있
는 공방과 세련된 카페 빈
티지 상점들로 들어차 있다

내부 천정이 높은 알트바우식으로 지어
진 이 건물의 위층은 시민들이 사는 아파
트이기에 일종의 주상복합용 건물이다

me, 베를린에서 나를 만났다

타일—로 지어져 있고, 그 건물 사이사이로 저마다 개성 있는 공방과 세련된 카페, 빈티지 상점들로 들어차 있다.

20세기 초인 1906년 쿠르트 베른트라는 건축가에 의해 건설되어 하나같이 내부 천정이 높은 전형적인 알트바우Altbau 식으로 지어졌는데, 건물 위층은 시민들이 사는 아파트이기에 일종의 주상복합용 건물이다. 동독시절에 여기에 80채의 주거용 아파트가 있었다고 한다. 실내에 화장실이 있고, 중앙난방에, 발코니와 마룻바닥이 있어 큰 인기였다. 이곳을 유명하게 만든 것은 건물 1층의 유겐트 스타일 파사드, 건축가 아우구스트 엔델이란 사람의 작품이다. 창문마다 디자인이 다르고 색채도 달라서 오직 이 건물을 보기 위해서 오는 사람들도 있을 정도다. 미테Mitte 지역의 보석 같은 공간이다.

전쟁으로 폐허처럼 방치되어 있다가 철거될 운명에 놓여 있던 것을 구해낸 주역은 동베를린의 예술을 사랑하는 사람들이었다. 1951년 부분적으로 복원하여 동독시절을 기억하는 역사보호건물로 지정되어 있긴 했지만 관리부실상태였다. 이에 통독 이후 통일 베를린 시정부는 이곳을 완전 철거하고 새로운 건물을 지으려 했지만, 지역주민과 문화단체, 예술가들이 반대했다. 그들은 철거 대신 재개발을 원했고, 시정부도 그들의 결정에 동의했다. 현존하는 건물의 층수를 존속시킨다는 전제였다. 그 결과 뮌헨 지역의 새로운 투자자가 나서 이 지역 사람들과 손잡고 가장 매력적인 공간으로 탈바꿈시켰다. 철지난 외투를 시원하게 벗어버린 것이다.

이곳에는 40여 곳의 사무실과 오피스가 있지만 먹고 마시는 네 군데 카페 등을 제외하면 연극극장, 갤러리, 디자인 사무실 그리고 광고제작, 수제공방 등 대부분 크리에이티브 분야로 용도를 제한했

건물 외경은 유겐트 스타일로 지어져 있고, 창문마다 디자인이 다르고 색채도 달라서 오직 이 건물을 보기 위해서 오는 사람들도 있다. 미테 지역의 보석 같은 공간이다

다. 카페나 레스토랑에서는 하나같이 칠판에 글씨로 메뉴를 써놓은 것을 볼 수 있다. 바리스타가 커피를 테이크아웃이 아닌 따뜻하게 데운 잔에 정성껏 따라준다. 바로 힙스터들이 좋아하는 특징 가운데 하나다.

근처의 상점들도 흔하지 않은 제품을 파는 빈티지 패션숍과 매장마다 확실한 주제로 상품을 진열해놓은 콘셉트 숍concept shop들이 많아서 남과 다른 방식으로, 개성 있는 쇼핑을 원하는 사람들이 즐겨 찾는다. 구체적으로는 로젠탈러 거리와 조피엔 거리 사이의 거리 일대를 가리킨다. 돈이 있으면 누구나 쉽게 손에 얻을 수 있는 브랜드 가방보다, 자기 자신과 강하게 연결된 느낌을 주는 물건, 대량소비시대에 기계보다는 손의 수고스러움을 더 존중하는 태도, 그 가치를 제안하는 동네다.

친환경, 아날로그적인 생활방식, 가치소비, 빈티지한 공간, 갤러리와 예술이 이웃에 있는 곳, 그리고 정신 문화를 존중하는 태도가 여전히 살아 있는 분위기이기에 사람들은 이 지역에 열광한다. 과거의 흔적들과 정체성은 그대로 유지하고 그 사이사이 세련됨의 극치를 보여주는 새로운 건축물들이 잘 어울린다. 유행을 따르지 않고 자기만의 라이프스타일을 선호하는 힙스터들의 각광을 받는 지역이었지만 이제는 세계적으로 소문이 나면서 점차 관광객과 쇼핑의 천국으로 변해버린 느낌도 없지는 않다. 그래도 여전히 멋있다.

이곳을 여전히 도심 속의 오아시스처럼 느껴지게 하는 것은 이웃하고 있는 '하우스 슈바르첸베르크Haus Schwarzenberg'의 덕도 있다. 하케셔 훼페 공간 내부가 미美를 강조하고 있다면, 이곳은 반대로 대

내부의 미를 강조하는 하케서 훼페와는 반대로 대안 문
화의 중심지인 하우스 슈바르첸베르크 작은 골목이 그
라피티 예술가들의 거리예술 오픈 캔버스로 허용된다

안 문화의 중심지다. 그 작은 골목은 그라피티 예술가들에게 거리
예술Street Art의 오픈 캔버스로 허용되었다. 아름다운 것만이 아니라
아픔과 상처까지도 그대로 드러내고 있다.

　이전의 타헬레스의 분위기를 연상하게 만든다. 스트리트 아트
로 가득한 벽과 독특한 금속 조형물이 있는 마당을 지나 건물 내부
로 들어가면 복도마다 기괴한 그라피티 예술들로 도배되어 있다. 이
곳에는 예술 스튜디오, 사무실, 언더그라운드 오락물, 엣지 있는 바,
독립영화를 주로 상영하는 영화관이 들어서 있다. 나치시절 유대인
학살을 기념하는 안네 프랑크 하우스도 암스테르담에 이어 두 번째
로 오픈하였다. 비영리 기구가 운영한다.

　여행은 체력이다. 걷느라 지친다면 로젠탈러 거리 37번지에 있

■
위 | 스트리트 아트로 가득한 벽과 독특한 금속 조형물이 있는 마당을 지나 건물 내부로 들어가면 복도마다 그라피티 예술들로 도배되어 있다
아래 | 나치시절 유대인 학살을 기념하는 안네 프랑크 하우스도 이곳에 두 번째로 오픈하였다

　　　　　　　　　　　me, 베를린에서 나를 만났다

스페인 식당 〈요소이〉. 요소이
는 스페인어로 'I am'을 뜻한다

는 〈요소이YoSoy〉에서 커피 한 잔과 스페인식 타파스 한 접시로 가볍게 육체의 허기와 정신적 갈증을 해소하는 것도 나쁘지 않다. 형편이 된다면 스페인 와인 한잔도 좋다. 요소이란 스페인어로 'I am'을 뜻한다. 예술이든, 여행이든 내가 중요한 시대.

"그래, 나야, 나라고!"

Yosoy
Rosenthaler Str. 37
10178 Berlin

글로벌 포장마차
마르크트할레 9

"베를린에 음식이랄 게 뭐 있나요? 소시지와 감자 말고 먹을 게 있을까요? 그곳은 음식이 너무 형편없잖아요?" 일리 있는 이야기지만, 그것은 이미 오래전 이야기다. 영국에서 발간되는 「모노클Monocle」은 세계인들의 라이프스타일을 선도하는 잡지인데, 그곳에서 발간한 여행 가이드 시리즈 '베를린' 편을 잠시 참고해볼까 한다.

"낮은 진입장벽은 개인 사업자들과 하이테크 스타트업, 최근 들어서는 레스토랑 업계에 큰 매력으로 작용하였다. 지난 몇 년 사이 재능 있는 셰프들이 조용히 이 도시로 몰려들어 문화적으로 다양한 요리의 천국culinary heaven으로 변모시켜놓았다."

그 변화를 주도하는 이들은 자본과 능력이 있고 도전적인 외국 요리사들이었다. 베를린은 이제 다양한 외국음식들의 경연장이다. 큰돈 들이지 않고 그 맛을 볼 수는 없을까? 가능하다. 베를린을 찾는 사람들이라면 누구나 한번쯤 찾게 되는 새로운 명소 〈마르크트할레 9〉에 가면 된다. 확실히 변한 베를린의 새로운 식문화의 트렌드를

현대식 초대형 슈퍼마켓으로 재
개발될 예정이었으나 지역주민
들과 NGO의 주도로 새로운 개념
의 명물시장으로 다시 태어났다

확인할 수 있으니까.

독일어로 〈마르크트할레 9Markthalle Neun〉는 아홉 번째 상설시
장이라는 뜻이다. 19세기 베를린에 문을 열었던 14개의 재래식 시장
가운데 아홉 번째 시장이라는 의미다. 크로이츠베르크 지역 아이젠
반슈트라세 42번지에 위치해 있다.

이 시장은 독일제국시대인 1891년에 문을 연 뒤 이 지역 주민들
의 사랑을 받아왔었지만 세월의 변화와 현대식 슈퍼마켓의 열풍에
경쟁력을 잃어 고전 끝에 문 닫기 일보 직전이었다. 베를린시에서는
이곳을 철거하고 현대식 초대형 슈퍼마켓으로 재개발할 생각이었
지만 지역주민들과 NGO가 합심해 반대하고 나섰다. 두 번에 걸친
세계대전에서도 살아남은 전통시장을 지켜야 한다는 게 그들의 주

목요일 저녁이면 이곳은 각국의 길거리 음식을 판매하는 베를린 최대, 그리고 최고의 글로벌 실내 포장마차로 변신한다

장이었다. 그 결과 2011년 새로운 얼굴로 다시 개장한 것이 오늘의 〈마르크트할레 9〉이다.

127년의 역사를 자랑하는 재래시장이지만 먹거리를 파는 단순한 시장이라고 생각하면 오산이다. 주민들과 시장 대표는 창의적인 아이디어로 이곳을 거대한 슈퍼마켓 체인 대신 혁신적인 시장으로 회생시켜 놓았다. 식재료와 음식, 다문화, 그리고 새로운 생각이 함께 만나는 글로벌한 신개념 복합공간이다. 요일마다 다른 시장이 들어서는데, 금요일과 토요일에는 베를린 근교에서 생산되는 로컬 식재료를 판매한다. 근교 농장에서 가져온 싱싱한 식재료가 매력 포인트, 크로이츠베르크와 인근 노이쾰른 지역주민들이 많이 몰린다. 매달 세 번째 일요일 오전에는 아침식사 메뉴로 가득한 '브렉퍼스트 마켓'이 들어선다.

매주 목요일 저녁마다 열리는 거리의 음식 경연장인 〈Street Food Thursday〉가 특히 인기다. 2013년부터 목요일 저녁이면 이곳은 각국의 길거리 음식을 판매하는 베를린 최대, 그리고 최고의 글로벌 실내 포장마차로 변신한다. 무료입장이다. 여행자에게 시장탐방은 언제나 설레는 일, 게다가 세계의 스트리트 푸드street food가 모두 모여 있다는 것은 무척 기쁜 일. 눈도 호사하고 위의 허기를 동시에 해결할 수 있어 기쁨 두 배.

이탈리안 홈메이드 파스타, 중동식 메쩨, 일본의 타꼬야끼와 오니기리, 미국식 버거와 베트남의 쌀국수, 스페인의 타파스와 터키의 케밥, 인도의 카레, 그리고 김치와 버거를 혼합한 김치버거를 파는 '프로일라인 김치'에 이르기까지 각국의 길거리 음식 대부분이 모여 있다. 옆자리에 앉은 독일 모녀는 김치를 좋아해서 김치 버거를 선

〈마르크트할레 9〉는 식재료
와 음식, 다문화, 디자인이 함
께 만나는 공간의 혁명이다

음식을 파는 곳답게 요리 좋아하
는 사람들 위한 식칼, 도마 등 주
방도구를 파는 전문점도 있다

택했다고 한다.

〈마르크트 할레 9〉에서 파는 음식들은 길거리 음식답게 대부분 정통이라기보다는 퓨전에 가깝다. 여기서도 비건vegan 엄격한 채식주의 자이 인기 있음을 확인하게 된다. 대학생 구내식당인 멘자Mensa에서 부터 레스토랑에 이르기까지, 고등학생부터 노년에 이르기까지 베를린은 흡사 비건 열풍이 휩싸여 있는 것 같다.

음식을 파는 곳이라 요리 좋아하는 사람들 위한 식칼, 도마 등 주방도구를 파는 전문점도 있다. 음식이 있으면 음료가 따라오는 것은 당연한 일. 게다가 목요일 저녁이다. 미국에서 '목마른 목요일 thirsty Thursday'이라는 구호로 목요일 저녁에는 먹고 마시는 관습이 있는 것처럼 이곳 역시 마실 것들이 도처에 깔려 있다. 맥주 코너와

me, 베를린에서 나를 만났다

프랑스, 이탈리아, 스페인 등 각국의 와인들도 제각각 경쟁을 한다. 어느 음식을 선택하던 독일 사람의 탁자 위에는 맥주가 대부분 놓여 있다.

크래프트 비어가 전 세계적으로 열풍이지만 상대적으로 베를린은 늦은 편이다. 그만큼 입맛과 기호는 보수적이기 때문이다. 맥주는 흔히 '액체 빵Flüssiges Brot'이라 표현된다. 그만큼 영양분이 풍부하다는 뜻인데, 이 말은 18세기 독일의 작가인 칼 율리우스 베버라는 사람이 그의 작품『독일 혹은 독일 내를 여행하는 독일인의 편지』에서 '맥주는 액체 빵'이라는 말을 사용하면서 관용적으로 쓰이는 말이다. 오후 5시부터 시작해 밤 10시에 끝난다지만 6시가 넘어서면 시장 안은 주민과 관광객들로 발 디딜 틈 없다.

음식이라는 콘텐츠가 물론 중요하지만 시장과 개별 부스의 디자인도 무척 중요하다. 점포마다 손님들의 눈길을 끌기 위해서 저마다 인테리어가 개성 있다. 심지어 입장료를 받는 화장실의 입구는 미니버스 반쪽을 잘라내 개조한 것이다. 포스트모던한 포장마차라고 할까? 이곳은 여행자들에게 입소문이 나면서 베를린 최고의 관광코스가 되었다. 사진 찍는 것을 좋아하는 이들이라면 무조건 탐방할 장소다.

1년에 한 번은 시장 앞길을 따라 수백 미터의 식탁에 동네 사람들이 모여 파스타를 함께 먹는 〈긴 탁자Lange Tafel〉라는 흥미로운 행사가 열린다. 그냥 식사만 하는 것이 아니라 커뮤니티 공동 주제를 놓고 토론하고 대화하는 소통의 자리인데, 주민들은 접시와 포크만 갖고 오면 된다고 한다.

공공기관의 일방적 주도가 아니라 주민과 지역 커뮤니티가 함

미니버스 반쪽을 잘라내 개조한 화장실 입구. 진
정한 재생은 단순한 건물의 복원이 아니라 새로
운 문화를 탄생시키고 더 나아가 지역공동체와
인간의 건강한 삶이 다시 살아날 때 이뤄진다

께 할 때 도시재생은 그 시너지 효과가 난다. 이 지역 주민들, 베른트
마이어, 플로리안 네덜라이어, 그리고 니콜라우스 드리센 같은 이름
이 기억되는 이유다. 진정한 재생은 단순한 건물의 복원이 아니라
새로운 문화를 탄생시키고 더 나아가 지역공동체와 인간의 건강한
삶이 다시 살아날 때 이뤄진다. 퇴행되어 갔던 크로이츠베르 지역은
〈마르크트할레 9〉 덕분에 시크chic한, 너무도 시크한 곳이 되었다.

크로이츠베르크의 명소:

김치공주

한국 음식은 요즘 베를린에서도 인기다. 2000년대 초반 대여섯 곳에 불과하던 한국 식당은 이제 50여 곳으로 늘었다. 한국 기업의 주재원들이 대부분 프랑크푸르트나 함부르크 같은 곳에 몰려 있는 상황에서 이 같은 한국음식 붐은 이례적이라 아니할 수 없다. 그 말은 한국음식점 이용자가 한국인이 아닌 현지인들이 많다는 뜻이다.

이 가운데 크로이츠베르크의 〈김치공주KIMCHI PRINCESS〉는 K-푸드의 아이콘이다. 주한 독일 대사를 비롯한 많은 이들의 단골집이며 글로벌 모임 장소로 자리 잡았다. 교포 2세인 박영미씨가 함께 연극활동하던 다국적 친구들과 함께 운영하는 곳이다. 지하철 코트부서 토어 역에서 가깝다.

"from beat it to eat it물리쳐야 할 것으로부터 먹어야 할 것으로!"

이 구호처럼 김치는 한때 부끄럽고 감춰야 할 대상이었지만 이곳에서는 아이덴티티identity이고 자랑이다. 맥주의 본고장에서 한국 맥주를 들고 '건배'를 외치게 하는 곳이다. 식당 한가운데는 요즘 트렌드에 맞게 긴 나무 탁자가 놓여 있다. 김치공주 옆에는 한국식 매운 치킨 집도 운영한다. 베를린의 2세들은 당당하고 서양인들 앞에 절대로 주눅 들지 않는다. 이들에게서 가장 자주 듣는 독일어 단어는 '헤뭉스로스Hemmungslos'인데, 한국말로 '거리낌 없다'라는 뜻이다. 당당한 아름다움이다.

베를린의 소울 푸드
커리부어스트

예술은 멀고 시장기는 가깝다. 금강산도 식후경이라는 말처럼 배고프면 아무리 아름답다 하더라도 눈에 들어오지 않는다. 몽골 격언에 이런 말이 있다고 한다.

> "어리석은 자는 '무엇을 먹었나'를 말하고, 현명한 자는 '무엇을 보았나'를 말한다."

그러나 세상은 바뀌었다. 갈수록 식문화탐방이 여행에서 차지하는 비중은 커지고 있다. 디지털 사진기와 스마트폰으로 먹음직스런 음식과 데코레이션, 그곳의 인테리어를 찍어 인스타그램이나 페이스북에 올리는 것은 이미 하나의 문화로 정착되었다. 그럼 브란덴부르크 문이 베를린의 외관을 상징하는 아이콘이라면, 어떤 음식이 베를린의 식문화를 대표할까? 베를린의 라이프스타일을 알려면 무엇보다 그들이 어떤 음식을 좋아하는지 먼저 아는 게 순서다.

베를린 사람들의 영혼이 담긴 소울 푸드는 누가 뭐래도 커리부어스트Currywurst! 검소하며 실용적인 거리의 음식이다. 이 도시에 왔

me, 베를린에서 나를 만났다

베를리너들은 커리부어스트에 프렌치프라이와 브뢰트헨이라 부르는 둥글고 작은 빵으로 점심식사를 한다

으면 무조건 커리부어스트를 먹어봐야 한다. 빠르고 간단하며, 가격 부담도 없다. 길거리 어디서나 발견할 수 있다. 시간과 주머니 사정이 빠듯한 여행자에게 안성맞춤인 패스트푸드다.

독일어로 부어스트Wurst는 소시지라는 뜻인데, 돼지고기로 만든 소시지를 구운 뒤 썰어서 그 위에 케첩과 카레가루를 뿌려 먹는, 커리 소시지다. 주로 임비쓰Imbiss라 불리는 야외 간이음식 판매대에서 판다. 베를리너들은 커리부어스트에 노릿하게 갓 튀긴 프렌치프라이와 브뢰트헨이라 부르는 둥그런 작은 빵을 한 개 곁들이면 이것으로 점심식사 끝이다. 매우 베를린적인 점심 방식이다.

지금은 독일 어디서나 먹을 수 있는 길거리 음식이지만, 커리부어스란 음식이 탄생한 고향에서 먹는 맛은 유별나다. 전 독일총리였던 게르하르트 슈뢰더의 커리부어스트에 대한 유별난 사랑도 유명하다. 심지어 베를린 시장에 출마하는 정치인들은 커리부어스트를 파는 매점 앞에서 사진을 찍는 것이 전통이다. 그 정도로 이 도시의 정서가 듬뿍 담긴 소울 푸드다.

베를린을 대표하는 커리부어스트는 어떻게 탄생하게 되었을까? 여러 가지 주장이 있지만 1949년이 그 시초라는데 대체적인 의견이 모아진다. 헤르타 호이베르라는 이름의 여인이 당시 연합군 자격으로 베를린에 주둔 중이었던 영국군 병사로부터 케첩과 카레가루를 얻어 다른 양념과 섞어 돼지고기로 만든 소시지 위에 뿌렸다고 한다. 그녀는 이것을 샤를로텐부르크의 야외 간이음식 판매대에서 팔기 시작했는데, 당시 황폐해진 베를린의 재건축공사현장 노동자들에게 폭발적인 인기를 끌었다. 그녀는 1951년 자기가 개발한 소스를 '칠업Chillup'이라는 이름으로 특허를 내기에 이르렀다. 전성기 시절 그녀의 옥외 판매대에서는 일주일에 무려 만 개의 커리부어스트가 팔려나갈 정도였다고 한다.

1982년에는 가수 헤르베르크 그뢰너마이어가 '커리부어스트'라는 이름의 노래를 만들어 불렀고, 1993년에는 소설가 우베 팀이 쓴 『커리부어스트의 발견』이라는 소설이 영화화 될 정도로 인기음식으로 자리 잡았다. 2009년 8월 15일에는 〈독일 커리부어스트 박물관〉이 개관하는 등 음식을 넘어서 베를린 문화의 당당한 한 축을 차지하고 있다. 이제 길거리 음식 판매대로 달려가 주문해보면 어떨까?

"Currywurst, bitte!"

"커리어부어스트 주세요!"

가장 베를린적인
다섯 카페

길을 떠난 여행자는 언제나 목이 마르다. 뭔지 모를 정신적 갈증과 심리적 공복감을 이기지 못해 길을 떠나왔지만, 정작 여행지에서는 육체적 허기가 앞선다. 그것이 여행자의 현실이다. 마음의 갈증을 해결해야겠지만 위도 위로받아야 한다. 어디 없을까? 물론 뉴 베를린은 세계적인 셰프들의 경연장이다.

아름다운 잔다르멘마르크트에 있는 최고의 와인 레스토랑 〈루터&베그너Lutter&Wegner〉, 모던한 〈뉴튼-바Newton-Bar〉를 권할 만하다. 아들 조지 부시 대통령과 슈뢰더 총리가 만났던 브란덴부르크 문 옆의 〈투허Tucher〉, 세계 유명 인사들이 다녀간 칸트 거리에 있는 프랑스식 식당 〈파리-바Paris-Bar〉도 우아하다. 시간이 바쁘고 요리 이름도 낯설다고 느끼는 사람들이 고급 음식을 조금씩 맛보길 원한다면 카데베 백화점 맨 위층에 있는 델리 코너를 권한다. 여기는 샴페인 한 잔에 굴 한 접시, 혹은 한 잔의 와인과 치즈가 어울리는 곳이다. 유럽의 중심도시답게 터키, 이탈리아, 스페인, 포르투갈, 러시아, 그리스, 세르비아 음식점, 그리고 유대인의 코셔 방식(유대교의 율법대로 육류와 유제품을 섞어 만들지 않는 요리 방식)으로 제조한 음식들도 체험할 수 있다. 또한 족발의 일종인 아이스바인^{Eisbein}은 베를린만의 별미다. 셀 수 없이 많은 곳들 가운데 베를린에서만 경험할 수 있는 다섯 곳을 추천한다. 모두 여행자에게는 오아시스 같은 곳이다.

도심 속 호숫가에 있는
카페 암 노이엔제

베를린에 왔다면 절대로 빼놓아서는 안 되는 세 가지, '숲, 산책, 그리고 맥주'. 이 모든 것이 가능한 곳이다. 도심 속의 거대한 티어가르텐 숲 한가운데에 이처럼 아름답고 운치 있는 카페가 있다는 것은 베를린의 축복이다. 숲속 한가운데 있는 카페가 〈카페 암 노이엔제 Cafe am Neuen See〉이다. 호숫가에 있는 낭만적인 카페로 높은 나무 아

〈카페 암 노이엔제〉는 호숫가에 있는 낭만적인 카페로 높은 나무, 신선한 공기, 맥주가 한데 어우러져 있다

me, 베를린에서 나를 만났다

래, 신선한 공기와 그림 같은 호수, 그리고 맥주가 한데 어우러져 있으니 베를린 시민들에게는 참으로 귀중한 자산이 아닐 수 없다.

날씨가 화창한 날이면 야외의 탁자에 앉아 신선한 공기를 마시며 생맥주 한잔을 놓고 담소를 나누는 풍경은 가장 독일적인 맥주 문화다. 그런 야외 맥주 마시는 곳을 가리켜 '비어 가르텐Bier Garten' 이라 말한다. 규율을 잘 지키는 독일인들에게 축구와 더불어 야외의 비어 가르텐 문화는 절대로 빼놓을 수 없다. 삶의 탈출구이며 활력소다. 숲과 호수가 많은 도시에서 자연과 인간, 그리고 생맥주라는 3요소가 멋지게 어울리니 환상적인 삼총사다. 주문하는 곳 입구에는 이런 글귀가 적혀 있다.

"Kein Bier ist auch keine Lösung."
"맥주가 없다면 해답도 없다."

"맥주가 없다면 해답도 없다"
맥주의 나라 독일의 주점에
서 흔히 볼 수 있는 격언이다

호수에서 작은 보트를 빌려 탈 수 있다. 맥주
도 좋고 음식도 맛있지만 최고는 자연이다

카페 바로 옆에는 스페인대사관,
한국대사관도 멀지 않아 외국인
들도 많이 오는 명소 중의 명소다

　　맥주의 나라 독일의 주점에서 흔히 볼 수 있는 격언이다. 이곳의
생맥주 종류는 다양하다. 젊은 사람이나 나이든 노인이나, 남자여자
가리지 않고, 밝은 해가 떠 있는 낮부터 초저녁까지 이곳에서 담소
를 즐긴다. 취하기 위해서가 아니라 대화를 위해서 마시는 맥주다.
최근 '맥주 요가 Bier Yoga'가 등장한 베를린이다. 물론 약한 알코올의
병맥주를 마시고 맥주병을 활용해 균형 잡는 요가운동이긴 하지만,
음주와 운동을 같이할 아이디어가 나온 것이 기발하다. 그토록 베를
린에 맥주는 소중한 존재다.

　　물론 이 외에도 이 카페에는 와인도 있고 뜨거운 석판 위에 구운
피자와 직접 만든 브레첼, 그리고 독일식 레버 치즈, 천연 발효 빵도
일품이다. 유명한 보르하르트 제과점에서 가져온 것이라 홍보하고

me, 베를린에서 나를 만났다

있다. 〈카페 암 노이엔제〉 바로 옆에는 스페인대사관이 있고, 한국대사관도 멀지 않아서 외국인들도 많이 오는 명소 중의 명소. 야외 비어 가르텐 말고도 이곳에는 레스토랑이 함께 있다. 날씨가 좋은 주말에는 야외 탁자를 구하기 매우 어려울 정도로 인기 만점이다.

숲 안에 있어 대중교통으로 직접 도착하기는 어렵지만 동물원 역에서 운하를 끼고 약 15분 정도 걸으면 도착하는 거리다. 스칸디나비아대사관들이 몰려 있는 '6월 17일 거리'에서도 걸어 들어올 수 있다. 맥주도 좋고 음식도 맛있지만 최고는 자연이다. 걷고 또 걷자. 혹시 시간이 되면 호수에서 작은 보트를 빌려 숲속으로 노를 저어보자. 인생의 파라다이스가 뭔지 체험하게 될 테니까.

Café am Neuen See
Lichtensteinallee 2
10787 Berlin

최고의 경관을 자랑하는
니콜스코에 통나무집

〈카페 암 노이엔제〉가 베를린 도심에 있다면 이곳은 포츠담으로 가는 길목에 있는 카페다. 베를린에서 가장 큰 호수인 반제Wannsee에서 포츠담 쪽 방향으로 가는 길은 숲으로 뒤덮여 있는데, 그 길 이름이 쾨니히슈트라세König straße다. 자동차로 글리니케 다리에 도착하기약 5분 전쯤 우측 숲속으로 난 작은 길이 공작섬으로 가는 '니콜스코에벡Nikolskoer Weg'이라는 이름의 소로小路다. 이 길을 지나야 카페를

만날 수 있다. 도저히 대도시에 있다고 생각하기 힘들 정도로 양옆
으로 빽빽이 나무들이 들어차 있는 숲이다.

그 숲길을 따라 약 5분 정도 들어가면 〈블록하우스 니콜스코에
Bliockhaus Nikolskoë〉라는 이름의 식당 주차장이 나온다. 블록하우스
Bliockhaus란 나무 블록으로 만든 통나무집이라는 뜻이다. 주차장에
서 건물 앞쪽으로 걸어 나가면 야외 테이블이 놓여 있는데, 그 앞에
는 깎아지른 절벽 아래로 요트가 떠다니는 하펠 강이 흐른다. 저 앞
에 보이는 것은 공작섬이다. 여기저기서 감탄의 소리가 들린다.

"Wunderschön!", "Beautiful!"

하나같이 아름답다는 감탄사다. 감히 베를린에서 최고의 경관
을 자랑하는 카페라 말할 수 있다. 베를린 시민들은 가족들과 혹은
반려견을 데려와 이 숲속을 함께 걷거나 조깅하고 지치면 이곳에 와
서 커피 한잔 혹은 맥주 한잔하면서 케이크 한 조각을 나누는 것으
로 일주일의 피로를 푼다. 다과도 훌륭하지만 가장 훌륭한 것은 압
도적인 경관이다. 베를린 최고의 안식처이며 산책 장소다. 도시생활
에 찌든 영혼의 찌꺼기가 한꺼번에 사라지는 기분이다.

안내 자료에 따르면 이미 1819년부터 이곳에 영업을 해왔단다.
이 건물은 러시아 전통 농가 건물 양식인데 여기에는 사연이 있다.
프로이센 왕 프리드리히 빌헬름 3세가 장녀 샤를롯테 공주와 훗날
러시아의 차르^{동유럽 슬라브 민족 국가에서 사용되는 군주에 대한 호칭}가 되는
니콜라우스의 결혼 당시 러시아 제국의 수도였던 상트페테르부르
크를 방문했을 때 이런 건물에서 묵게 되었다고 한다. 소박한 이 건

'블록하우스'란 나무 블록으로
만든 통나무 집이라는 뜻이다

건물 앞쪽으로 걸어 나가면 야외 테이블
이 있다. 그 앞에는 깎아지는 절벽 아래
로 요트가 떠다니는 하펠 강이 흐른다

유서 깊은 역사를 자랑하는데다
풍광이 뛰어나 가족모임, 연회,
피로연 장소로 많이 이용된다.

물이 마음에 들었던 왕은 다음해 딸과 사위가 답방차원으로 베를린
을 방문하게 되자 똑같은 건물을 이곳에 지어 두 사람을 깜짝 놀라
게 해주겠다고 결심했다. 그 결과 생긴 건물이 바로 니콜스코에 통
나무집이다. 여기서 말하는 '니콜스코에^{Nikolskoë}'라는 이름은 사위
의 이름을 따서 '니콜라우스 그 자신'이라는 뜻이라고 한다. 그 옆에
는 역시 러시아 양식으로 지어진 교회도 있다. 딸과 러시아 사위를
사랑하는 프로이센 왕의 마음이 깃들어 있는 건물이다.

이처럼 오랜 역사를 자랑하는 탓에 종업원들은 주로 나이가 있
는 노인들이며 조금은 무뚝뚝하다. 음식 메뉴는 독일식 돈가스인 슈
니첼과 돼지고기 족발인 학세^{Schweinshaxe}, 오리구이가 있으며 송어
같은 생선도 주문 가능하다. 유서 깊은 역사를 자랑하는데다 풍광이

me, 베를린에서 나를 만났다

뛰어나 가족모임, 연회, 피로연 장소로 많이 이용된다. 수요일과 목요일은 문을 닫으니 피해서 가는 것이 좋다.

반제 호수를 거쳐 포츠담 가는 길에 들리면 효율적이다. 차가 없으면 복잡하기는 하지만 방법이 없는 것은 아니다. 베를린의 도시전철을 타고 반제 역에서 내려 218번 버스를 갈아탄 뒤 공작섬 역까지 간 뒤 진입하면 된다. 혹은 반제 호수와 공작섬을 연결하는 증기선을 타고 약 10분 정도 가면 된다. 절대 후회하지 않을 장소다.

Blockhaus Nikolskoë
Nikolskoer Weg 15,
14109 Berlin

반제 역 하차, 218번 버스 환승 후 공작섬에서 들어갈 수 있다(혹은 반제 호수와 공작섬을 잇는 증기선 이용. 10분 소요)

정치인과 기자들의 단골술집

상주 대표부

시끌벅적한 분위기의 전통 맥주 집을 가리켜 독일에서는 크나이페 Kneipe라 부른다. 독일식 펍이다. 그 정취를 느껴 보려면 어디로 가는 게 좋을까? 동네의 크나이페는 대개 그 지역의 단골들이 모이는 장소라 여행자 혼자서 발길을 들여놓기 어려운 느낌일 때가 많다. 물론 그렇다고 누가 뭐라는 것은 아니니 오해 말라.

여행자도 들리기에 부담스럽지 않은 크나이페, 외국에도 널리 알려진 곳이라 외국어로 된 메뉴판이 있고 반갑게도 한국어로 된 메뉴도 있는 곳이 있다. 〈Ständige Vertretung(줄여서 StäV)〉은 독일어로 '상주 대표부'라는 뜻이다. 뒤에 소개할 〈베를린 문학의 집〉이 문인과 예술가들의 오아시스라면, 이곳은 정치인과 언론인들의 단골 모임 장소다. 서독은 동서독 분단시절 1974년부터 1990년까지 동베를린에 외교관을 파견하였는데 같은 독일이라는 점에서 대사관이라는 표현을 쓰지 않고 대신에 '상주常駐 대표부'라는 용어를 썼던 데서 유래하였다.

서독의 수도가 아직 본에 있을 당시 〈Ständige Vertretung〉은 외교관, 정치인, 기자들의 단골집이었다. 라인 강변에 있어서 '라인 테라센'이라는 이름으로 더 유명했다. 그런 연유로 라인 강변 대신 지금은 슈프레 강변에 자리 잡고 있다. 지하철 프리드리히 슈트라쎄 역의 서쪽 출구에서 나오면 쉬프바우어담Schiffbauerdamm이라는 거리가 있는데, 그 강변에 자리 잡고 있다.

옛 정취를 잊지 못하는 독일 정치인들은 수도를 베를린으로 옮

서독 총리였던 빌리 브란트가 기타 치는 장
면 등 단골 정치인들의 사진이 걸려 있다

〈상주 대표부〉는 외교관, 정치인, 기자들의 단골
집이었다. 라인 강변에 있어서 '라인 테라센'이라
불렸다. 지금은 슈프레 강변에 자리 잡고 있다

위 | 반갑게도 한국어로 된 메뉴도 있다
아래 | 크나페이 단골이었던 빌리 브란트 전 수상의 파안대소하는 얼굴. "웃자, 그냥 웃자, 심지어 계산서가 나왔을 때도…"

긴 뒤에도 이 집을 자주 찾는다. 근처에 의회 건물들이 있고, 언론사들의 사무실이 밀집된 덕분에 베를린의 언론인들 모습도 자주 목격할 수 있다. 물론 베를린 주재 특파원들이 몰려 있는 프레스클럽 건물 내의 〈Viehhauser〉와 더불어 기자들의 단골 회합장소다. 두 곳 모두 강을 끼고 있는 쉽바우어담 거리에 있다.

야외 비어 가르텐도 있지만 이 집만의 오랜 기풍을 느끼려면 일단 실내로 들어가보기를 권한다. 벽에는 유명 정치인들의 대형 사진과 플래카드가 걸려 있는데, 특히 수도가 본에 있을 때 이 크나이페의 단골이었던 빌리 브란트 전 수상의 사진이 눈에 띤다. 영수증에도 파안대소하는 브란트의 얼굴이 그려진 것을 주는데 이렇게 적혀있다.

"웃자, 그냥 웃자, 심지어 계산서가 나왔을 때에도…".

유머 있는 계산서다. 쾰른과 본의 쾌활한 크나이페 분위기를 그대로 가져왔다. 따라서 이 집에서 즐길 수 있는 맥주는 쾰른 맥주인 가펠Gaffel이다. 쾰른식 맥주를 '쾰쉬Kölsch'라 부르는데, 우리가 흔히 접하는 뮌헨과 바이에른 식 맥주와 달리 맥주잔도 작고 맛도 묵직하지 않다. 참고로 독일에서는 약 4천 종의 다양한 맥주를 생산하기에 지역마다 다른 색과 향취의 맥주를 선보이며, 맥주마다 고유한 잔과 잔 받침을 사용한다. 베를린에도 수제 맥주바람이 불고 있기는 하지만 외국의 도시들에 비해서는 미약한 편이다.

자리를 차지했으면 음식주문. 전통 독일의 음식은 '소시지 + 감자 + 맥주'의 삼합이다. 그리고 여기에 양배추를 절인 독일식 김치

■
위 | 오랜 전통의 분위기를 느낄 수 있는 실내
아래 | 슈프레 강변의 야외에서 생맥주를 즐
기는 비어 가르텐

me, 베를린에서 나를 만났다

자우어크라우트^{Suerkraut}를 곁들인다면 최고다. 배가 고프다면 돼지고기로 만든 족발이나 슈니첼도 있다. 시원한 맥주 한잔과 소시지 안주로 위와 영혼의 갈증과 허기를 동시에 풀어본다. 만약 화창한 날씨라면 이곳 사람들처럼 강가에 자리를 잡아보자. 완벽한 베를리너^{Berliner}가 되어보는 거다.

Ständige Vertretung Gastronomie GmbH
Schiffbauerdamm 8
10117 Berlin-Mitte

체크포인트 찰리와
아인슈타인 카페

〈체크포인트 찰리〉는 유명한 검문소 이름이다. 냉전시절인 1947년부터 1991년 사이 동베를린과 서베를린 사이에 놓여 있던 연합군 검문소다. 베를린 장벽이 건설되었던 1961년에는 소련과 미군이 이 검문소 앞뒤로 무장 탱크를 배치하는 등 일촉즉발의 대치상황이 벌어졌다. 상황이 상황이었던 만큼 검문소 앞뒤의 건물에는 각각 상대 진영을 관찰하기 위한 건물이 있었다.

그 경계선에 놓여 있던 건물에는 〈카페 아들러〉가 있었다. 지금의 〈아인슈타인 카페〉가 있는 곳이다(원래 이 건물에는 프러이센의 왕실 약국이 들어서 있었다). 아들러란 독일어로 독수리를 의미하는 동시에 프로이센의 상징이었다. 동베를린을 방문하기 위해 출입하던 사람

냉정 당시 〈체크포인트 찰리〉의
살벌한 광경. 검문소 왼쪽 옆 건
물에 〈카페 아들러〉가 있었다

들은 으레 이 카페에 들러 추위와 긴장을 녹이곤 했다. 건물 위층은
외곽포스트 역할도 하여 미국의 CIA 비밀 요원이 건너편 동독의 군
사상황과 KGB의 동태를 살피곤 하였다. 그런 연유로 스파이영화나
냉전을 다룬 영화에 자주 등장하였다.

　내가 처음 베를린과 인연을 맺던 시절 아직 〈카페 아들러〉가 자
리하고 있었다. 비록 낡은 건물에 실내장식도 허름한 카페에 불과하
지만, 그곳의 자리매김은 결코 가볍지 않았다. 현대사의 극적인 자
취가 모두 담겨 있는 탓에 내 연수생활에 있어 좋은 공부방 역할을
하였다. 귀국을 앞두고 있었던 1995년 4월의 어느 날. 나는 〈카페 아
들러〉에 비치되어 있는 독일신문 쥐드도이체 차이퉁의 기사를 앞에
두고 압정에 꼽힌 메모지처럼 한동안 움직이지 못했다. 그날 부음기

위 | 분단시절 검문소 모습을 재현한 〈체크포인트 찰리〉
아래 | 동독시절의 군복과 훈장을 파는 '냉전상품' 대부
분 모조품이다. 그 뒤에는 동독시절 자동차 '트라비'

동서베를린을 가르던 장벽과 검문소 〈체크포인트 찰리〉 옆에 있는 〈카페 아인슈타인〉. 이전에는 〈카페 아들러〉가 있었으며, CIA의 현장 감시 초소가 있었다. 1696년 이 건물에 왕궁에 약을 전달하는 '흰독수리 약국'이 자리잡고 있었다

사에 실렸던 주인공의 이력이 매우 특이하였던 까닭이다.

　권터 기욤, 그의 진짜 직업은 스파이였다. 한 시대 세상을 벌집 쑤신 듯 시끄럽게 만들었던 스파이였다. 그는 동방정책의 주인공 서독 총리 빌리 브란트의 최측근 정무비서관이었지만 동시에 동독의 대외정보기관 HVA의 특급 요원이었다. 그의 장례식에는 동독의 전직 정보요원들이 한자리에 모였다. HVA의 대장이자 '얼굴 없는 스파이 대장'으로 유명했던 마르쿠스 볼프, 소냐 뤼네부르크 같은 여자 스파이들의 얼굴도 보였다. 내가 『우리는 그들을 스파이라 부른다』, 『탑시크리트 그림자 인간』과 같은 동서독 스파이 전쟁을 다룬 책을 쓰게 된 것은 전적으로 〈카페 아들러〉가 갖는 공간적 힘과 그날 그 기사 덕분이었다.

　많은 사람들의 추억이 어려 있고 페이소스를 간직한 카페 아들러의 이름이 바뀌었다. 다행히 커피 맛이 뛰어난 베를린의 〈아인슈타인 카페〉가 그 자리를 인수하였다. 음침하던 분위기에서 현대적이고 밝은 분위기로 변화를 주었다. 이 카페가 있는 곳은 크로이츠베르크, 앞길이 미테 지역으로 나뉘는 것도 흥미롭다. 장면은 바뀌었지만 이곳에서 마시는 커피 한잔 추천할 만하다. 브런치도 물론 좋다. 마치 빛바랜 영화를 보는 듯 몽롱한 기분에 젖어보는 것도 나쁘지 않을 것이다.

Einstein Kaffee
Friedrichstraße 206
10117 Berlin,

지식인의 오아시스
베를린 문학의 집

〈베를린 문학의 집Literaturhaus Berlin〉은 이름 그대로 책을 좋아하고 예술에 관심 많은 사람을 위한 카페다. 문학과 예술인들이 자주 모이는 곳이다. 서베를린에서 가장 화려한 쿠어퓌어스텐담Kurfürstendamm 거리와 가깝다. '쿠담'이라는 약칭으로 더 많이 불리는 거리인데, 선제후選帝侯 거리라는 뜻을 지녔다. 독일은 오랫동안 통일 국가가 아닌 신성로마제국이라는 이름의 느슨한 형태의 국가연합으로 존속했는데, 제후들 가운데 신성로마제국의 황제 선출권을 가진 이들을 가리켜 선제후, 즉 쿠어퓌어스텐Kurfürsten이라 불렸다. 이 지역을 통치했던 브란덴부르크 선제후가 1543년 사냥터로 향하는 통나무 길을 만들도록 한 데서 유래한다.

이 거리는 폭 넓은 도로에 호화로운 상점들이 밀집해 있어 '베를린의 샹젤리제'로 불린다. 포효의 시대로 일컬어지기도 하는 '황금의 20년대'에 이 일대는 여가와 향락의 중심지로 이름을 날렸다가, 대공황과 더불어 명성을 잃었다. 그러나 라인 강의 기적이 일어난 1950년대 이후 상업 중심지 위상을 회복했다. 통일 후에는 동베를린의 포츠담 광장, 프리드리히 거리, 알렉산더 광장 등과 최고의 상업 지구 자리를 놓고 서베를린의 자존심을 지키기 위해 치열한 경쟁을 벌이고 있다.

〈베를린 문학의 집〉은 쿠담 거리 옆, 파자넨 거리Fasanenstraße 23번지에 있다. 1889년에 세워진 유서 깊은 빌라 건물로 커피뿐 아니라 식사도 할 수 있는 레스토랑도 겸하고 있다. 카페 벽면에는 유

서베를린의 유서 깊은 쿠담 거리
인근에 위치한 〈베를린 문학의 집〉

me, 베를린에서 나를 만났다

노벨문학상 수상작가 등 문인들의 강연과 낭독회, 독서 모임 등이 이곳에서 열린다

명 사진작가들의 작품들이 벽에 걸려 있어 예사롭지 않은 분위기인데, 베를린의 품격 있는 전통 카페 문화를 피부로 느끼기에 좋다. 건물 지하에는 서점이 있으며, 바로 옆 건물에 유명 조각가 케테 콜비츠 박물관, 부근에는 저명한 주어캄프 출판사, 베를린 축제 하우스, 예술대학인 UdK 등이 있어 명실 공히 문화의 거리 한복판에 자리 잡고 있음을 알 수 있다.

문학연구가이며 문화관련 행사를 오래 해왔던 헤르베르트 비즈너가 1986년 함부르크, 프랑크푸르트, 뮌헨과 함께 서베를린에 〈문학의 집〉을 열었다. 문인들을 지원하고 국제적인 작가를 초청해서 문화 교류에 도움을 주겠다는 취지였다. 그런 까닭에 도시는 달라도 문학의 집에서는 하나같이 커피향기와 문화의 향기가 물씬 난다.

〈문학의 집〉 카페에 앉아 있는 사람들은 대부분 손에 책을 들고 있다. 혹은 신문 기사를 탐독 중이다

강연과 전시회 같은 행사를 위한 독립 공간들이 있어서 노벨 문학상 수상 작가를 비롯한 국제적으로 저명한 작가들이 이곳에서 강연회를 열었다. 한국의 문인들도 가끔 초대되어 한국 출판계에도 제법 알려진 곳이다. 2003년부터는 시인 에르네스트 비히너가 〈베를린 문학의 집〉을 이끌고 있다.

〈문학의 집〉 카페에 앉아 있는 사람들은 대부분 손에 책을 들고 있다. 혹은 신문 기사를 탐독 중이다. 아무리 인쇄매체가 쇠락하는 추세라지만 이곳에서만큼은 먼 얘기다. 카페 〈문학의 집〉의 브런치는 맛있다. 커피의 향기도 뛰어나다. 가장 좋은 것은 뭔지 모를 공간의 지성적 분위기다. 나는 오래전 이곳에서 리테라티literati가 무엇인지 실감한 적이 있었다.

〈문학의 집〉의 브런치는 맛있다. 커피의 향기도 뛰어나다. 가장 좋은 것은 뭔지 모를 공간의 지성적 분위기다

"아직도 파우스트를 읽으십니까?"

언젠가 문학카페에 비치된 독일 신문에는 그런 제목의 기사가 실렸다. 독일에서 괴테가 차지하는 비중은 영국에서의 셰익스피어가 차지하는 그것에 결코 못지않지만, 『파우스트』를 번역본이 아닌 원작으로 끝까지 읽어낸 한국의 독문학도가 그리 많은 것 같지는 않다. 『파우스트』는 괴테가 83세의 나이로 죽기 불과 한 해 전에 완성한, 심오한 작품이다. 정신적 측면과 육체적 측면에서 이중성을 지닌 인간이 도달하려고 했던 어떤 고고한 경지를 다룬 작품이었다. 제목은 알지만 읽지 않는 책들이 세상엔 너무 많다. 남들과 대화할 때 아는 척하며 많이 인용은 하지만 실은 제대로 읽은 적이 없는 책,

괴테의 『파우스트』도 그중 하나다.

나의 특파원시절인 2001년 『파우스트』가 베를린 무대에 올랐다. 특이한 것은 원작을 한 줄도 빼지 않는 완전 무삭제 공연이라는 점이었다. 실감이 나지 않겠지만 이것은 실로 웬만한 각오와 준비 아니면 볼 수 없는 연극이다. 이틀에 걸쳐서 공연이 계속되는데 첫날 1부 공연은 토요일 오후 3시에 시작되어 밤 10시에 끝나고, 둘째 날 2부는 일요일 아침 10시에 시작되어 밤 11시가 넘어서 막을 내렸다.

당시 독일어권 최고의 연극인이라고 하는 페터 슈타인이 연출을 했다는 점과 아직도 스산한 분위기가 역력했던 동베를린 텔토우란 곳에서 상연되었다는 것도 예사롭지 않았다. 생각해보라. 그 알토란 같은 주말과 휴일을 옛날 작품의 연극공연을 위해 희생할 사람들이 과연 몇이나 될까. 더구나 입장료도 우리 돈으로 대략 30만 원 정도나 되는 거금을 내야 한다. 때문에 단단한 각오가 아니면 보기 힘든 것이다.

그러나 이것은 한반도에서 온 한국기자의 기우였다. 티켓은 일찍이 매진되어 있었다. 서울서 방문한 스승의 부탁 때문에 알게 된 사실이다. 그분은 독일에서 괴테를 연구해 박사학위를 받은 분이어서 평생의 기회를 놓치고 싶지 않아 비행기를 타고 달려왔다고 하였다. 당시에는 인터넷 티케팅이 활성화되지 않을 때여서 부득불 외국 특파원이라는 점을 내세워 부탁한 뒤에야 간신히 1장을 구입할 수 있었다.

투우의 원형경기장을 본뜬 아레나 극장에서 이틀간에 걸친 대장정을 마친 뒤 스승은 고개를 절레절레 흔들었다. 그 연극을 보기 위해 자동차로 6시간을 타고 멀리 뮌헨이나 뒤셀도르프에서 온 사람들도 있었고 심지어 스위스의 취리히에서 비행기 타고 온 극성파들이 태반이었다는 것이다. 쉬는 시간 동안 그중의 한 노신사는 이렇게 얘기했단다.

"2막에서 파우스트 역의 배우 발음은 틀렸어. 전통적 운율에 맞지 않는단 말야!"

급히 원작을 꺼내 확인해보니 그 노신사의 말이 맞아, 직업을 물었단다. 그는 법학교수였다. 그런데도 전문가보다 더 정확히 구석구석을 꿰고 있었다. 아레나 극장 객석을 가득 채운 600여 명의 관객들은 모두 그런 식이었다. 심지어 은행 고위 임원인 일본인 한 명은 달랑 연극 공연을 보기 위해 주말에 항공편으로 베를린까지 왔다가 갔다고 한다. 나의 스승은 〈베를린 문학의 집〉에서 그 이야기를 들려주었다.

그들이야말로 리테라티literati였다. 책과 문학과 지식에 관심이 있는 사람들에게 부르는 유럽인들의 말, 리테라티는 바로 그런 사람들을 가리키는 단어였다. 영어 웹스터 사전에 따르면 리테라티는 교육받은 계급, 즉 인텔리겐차, 그리고 문학이나 예술에 관심이 있는 사람들이라 정의하고 있다. 자기가 사랑하는 문화예술을 위해 황금 같은 주말과 휴일을 반납할 각오가 되어 있을 때, 그 노신사처럼 꼬장꼬장한 관객의 수준이 될 때, 리테라티라는 이름을 들먹일 자격이 생긴다.

물론 리테라티는 세상의 것들과 동떨어져 음풍농월하는 고고한 존재는 아니다. 오히려 정반대다. 사르트르가 정의한 것처럼, 리테라티는 "자기가 상관도 없는 일에 참견하는 사람"이다. 문학의 집은 그런 리테라티가 모이는 곳이다. 디지털시대에는 디제라티digerati란 말도 만들어냈다. 디지털과 리테라티의 합성어다. 리테라티, 혹은 디제라티 두 가지 가운데 하나가 못 되었다고 자탄하지는 말자. 카페 〈문학의 집〉에서 라떼 한잔 하면 되니까.

Literaturhaus Berlin
Fasanenstraße 23
10719 Berlin

me, 베를린에서 나를 만났다

스타트업 아우토반과
Projekt Zukunft*

*Projekt Zukunft프로옉트 주쿤프트: 미래 프로젝트

〈베타하우스Betahaus〉는 베를린의 새로운 명물이다. 스타트업 공유 공간으로 스타트업의 꿈을 가진 젊은이들로 늘 북적거린다. 1층의 코워킹 카페는 창업을 하려는 사람들과 지역주민들이 애용하는 곳으로 마치 캠퍼스 안의 기숙사 같은 인테리어다. 마음껏 자유를 느끼게 하는 공간 분위기다. 〈베타하우스〉는 2009년 여섯 명이 스타트업과 프리랜서를 지원하고 네트워킹과 인큐베이팅해주기 위한 플랫폼으로 만들겠다는 목표로 공동 설립하였다.

현재는 바르셀로나, 쾰른, 함부르크, 소피아 등으로 확대되어 나갔으며, 파리와 코펜하겐, 오스트리아 빈에도 협력 커뮤니티를 확장 중이다. 약 5천 평방미터의 공간에는 코워킹 플레이스와 '로프트Loft'라는 이름의 이벤트 공간이 있어 각종 회합이나 행사용으로 쓸 수 있도록 가변적으로 공간을 운영한다. 건물 입구에는 자전거로 가득하며 벽마다 창의적인 그림과 문구를 써놓았다.

"질이 매우 높은 가치는 이제 더 이상 전통적인 사무실에서 생산되지 않습니다. 유연하고 개방된, 디지털 네트워크의 협력적 작

업공간이 요구되지요."

〈베타하우스〉의 주장이다. 고정관념, 기존의 타성으로는 스타트업의 성공은 불가능하다는 얘기다. 요즘 베를린 젊은 사람들의 일하는 방식, 그리고 라이프스타일을 살펴보기 위해 카페의 점심 메뉴를 살펴보았다. 비건 위주다. 오로지 채식으로만 식사하는 사람들을 위한 식단이다. 물론 고기와 생전 메뉴도 갖춰놓고 있지만 요즘 베를린은 가는 곳마다 비건, 비건을 주장한다. 이 카페에는 최근 '르 프티 카레 드 쇼콜라'라는 이름의 초콜릿 메뉴도 소개하고 있는데, 프랑스의 초콜릿 장인인 장-자크 에취파르의 레시피로 만들어진 것이라 홍보하고 있다. 커피의 원두와 카카오도 프레이엄만 쓴다고 알리고 있다. 친자연주의, 채식, 자유, 스타트업, 공유, 이런 단어들이 마치 패키지처럼 들린다.

〈베타하우스〉는 크로이츠베르크 지역의 지하철 '코트부서 토어' 역 부근에 있다. 장벽 부근에 있다는 이유로 임대료가 저렴해 한때 가난한 예술가들의 작업장이었던 이 지역은 이제 베를린의 스타트업과 창조경제의 중심지다. 주변 커뮤니티 풍경도 한층 시크한 분위기로 바뀌어가고 있다. 베를린에는 지역마다 키에츠Kiez라는 특유한 문화가 있다. 이 말은 슬라브어에서 연유된 말로 직업별로 다른 일을 하는 사람들이 사는 동네를 의미하였지만, 지금은 오래된 지역문화를 말한다. 한국어로 표현한다면 동네 문화라 할 수 있다.

구글도 최근 이 부근의 용도 폐기된 건물에 구글 독일지사를 세우려다 지역주민들의 반대에 부딪혀 난항을 겪고 있다고 해서 화제가 되었다. 소위 젠트리피케이션을 우려한 반발이다. 독일의 대표적

me, 베를린에서 나를 만났다

인 항공사인 루프트한자는 '루프트한자 이노베이션 허브', 줄여서 '더 허브'라는 자회사를 미테 지역에 설립했으며, 다임러 벤츠, 바이엘, 보쉬, 지멘스 등 세계적으로 유명한 기업들도 저마다 경쟁적으로 스타트업 육성을 위한 자회사나 조직을 베를린에 설립했다. 거대 통신회사인 도이체 텔레콤은 스타트업 지원시스템인 '허브 라움 Hub Raum'을 발족시켰다. 대부분 신축건물보다는 노후된 건물을 새롭게 활용하고 있다. 스포츠카로 유명한 포르쉐 역시 혁신적인 정보기술 솔루션개발과 시험을 목적으로 동베를린 지역인 프리드리히스하인에 '포르쉐 디지털 랩'을 설립하였다. 베를린의 디지털 변혁 물결에 동참한 것이다.

"독일 회사뿐 아니라 외국계 회사들이 설립한 코워킹 스페이스도 적지 않습니다. 스페인을 대표하는 통신회사인 텔레포니카는 베를린 미테 지역에 '베이스캠프'라는 스타트업 협업 기관을 만들어 활발하게 활동 중입니다. 이스라엘은 2015년부터 베를린에 스타트업 코워킹 스페이스를 오픈해 운영 중인데, 작년에는 두 개로 늘렸고, 올해에는 또다시 두 개 더 준비하고 있다는 소식입니다. 한 곳당 100~150개 글로벌 대상 스타트업 기업을 지원하고 있으니 가장 활발한 국가지요."

한국의 스타트업 기관들의 유럽 진출을 돕기 위해 설립된 KIC Korea Innovation Center 유럽센터 지석구 센터장의 전언이다. 이 기관은 1년 전까지 브뤼셀에 있었지만 베를린으로 사무실을 옮겼다. 베를린으로 이전한 이유는 뭘까?

슈프레 강변을 따라 베를린의 스타트업 아우토
반이 달리고 있다. 문화예술 산업과 더불어 베
를린시의 '미래 프로젝트'의 핵심 투자 분야다

"베를린의 강점은 스타트업을 위한 에코시스템이 발달되어 있다는 데 있습니다. 첫째로 베를린의 물가는 런던, 파리 등 유럽의 대도시들에 비해 상대적으로 쌉니다. 동베를린의 인건비는 유럽에서는 여전히 매력적입니다. 기술개발 열기, 매력적인 인력, 자금력 풍부한 VC 등 여건이 유럽에서는 최고죠. 한국의 IT, 게임 등 잠재력 있는 스타트업들이 유럽진출을 원한다면 이분들에게 공간제공, 멘토링, 프로모션 등을 해주고 정보제공을 통해 성과를 내려는 게 저희가 할 일입니다."

여기서 주목할 부분은 스타트업들과 도시재생의 관계다. 베를린 지방정부는 스타트업의 경우 건물을 새로 짓지 않고 내부 수리만 하여 입주하면 가능하도록 허가를 손쉽게 내주어 상당수의 기업들이 외곽이 아닌 도시중심에 들어서 있다. 정책적으로 도시재생에 매우 유용한 조치다. 덕분에 버려져 있다시피 하던 옛 건물들이 스타트업 공간으로 재탄생할 수 있었다.

베를린 숙소를 얻기 위해 에어비엔비를 통해 찾아간 크로이츠베르크의 한 공유공간도 이색적이었다. 40대 독일인 부부는 각각 디자이너와 IT 분야에서 일하고 있는데, 두 개의 아파트 공간을 터서 하나는 스튜디오로 쓰고 있었고 나머지는 개인공간으로 활용하고 있었다. 창의적인 분야에 일하는 사람에 한해 숙소를 공유한다는 전제인 점이 특이했다. 건물 바깥에서 보는 것과 달리 매우 자유로운 분위기의 스튜디오로 꾸며놓고 재택근무하고 있었다. 이 정도면 재택근무도 할 만하다. 베를린의 독립 직업 공간의 분위기는 대체적으로 이런 식이다.

베를린은 스타트업을 위한 에코시스템이 잘 발달되어 있어 해외의 젊은 자본, 젊은 두뇌가 급격하게 몰리고 있다

베를린에는 현재 두 개의 아우토반이 달리고 있다. 그 하나는 13,000킬로미터에 이르는 저 유명한 고속도로가 시내까지 연결된 것을 말하고, 또 다른 하나는 눈부신 속도로 불고 있는 스타트업 열풍을 가리킨다. '스타트업 아우토반'은 결코 과장된 표현이 아니다. 로컬 텔레비전이나 신문에서 창업을 권하는 프로그램이나 기사가 홍수를 이루고 있고, 지하철이나 슈퍼마켓에서까지 창업을 권유하는 광고를 발견하게 되니 마치 미국의 실리콘밸리에 출장을 온 기분이다.

현재 베를린은 역동적인 문화예술 중심지이자 유럽에서 가장 혁신적인 하이테크 지역으로 변화 중이다. 베를린의 기업 및 기술 투자유치 기관인 '베를린 파트너'의 디지털 분야 책임자인 크리스티

유럽의 실리콘밸리인 베를린. 자
고나면 평균 두 곳의 스타트업이
탄생할 정도로 열기가 뜨겁다

안 헤어초크는 이렇게 말하고 있다.

"베를린에서는 지난 4년간 약 1,300개의 회사가 설립되었습니다. 20시간마다 한 개의 온라인 회사가 설립되고 있으며, 하루 평균 두 개의 스타트업 회사가 탄생하고 있습니다. 일자리 창출의 최고 효자노릇을 하고 있지요. 전자상거래에 특히 강력한 드라이브가 걸리고 있습니다. 이 도시에는 현재 약 7만 명 정도가 스타트업에 종사하고 있는 것으로 집계됩니다. 가히 유럽의 스타트업 수도라 말씀드릴 수 있습니다."

하루 평균 두 개의 스타트업이 탄생하고 있다는 말은 베를린이

me, 베를린에서 나를 만났다

20시간마다 한 개의 온라인 회사가 설립
될 정도로 베를린의 하이테크 스타트업
은 일자리 창출의 효자노릇을 하고 있다

스타트업의 아우토반 역할을 하고 있다는 말과 동의어다. 그동안 유
럽의 문화예술과 스타트업 분야를 이끌어왔던 곳은 런던이었다. 그
런데 2015년을 기점으로 베를린은 벤처 캐피탈 분야에서 런던을 추
월하고 독주하기 시작했다. 브렉시트 사태 이후 그 간격은 더욱 벌
어질 추세다.

　　최근 독일정부와 베를린 지방정부는 하이테크 인력에 관한한
비자와 체류조건, 취업 등에 있어 파격적인 조건을 제시하면서 문
호를 활짝 열어놓고 있다. 다른 면은 행정절차가 까다롭고 느린 것
으로 유명하지만 이 부분에 관한한 '아우토반의 속도'로 뒷받침해
준다. 국경 넘어 가까운 지역에 능력은 뛰어나지만 가난한 동구권의
우수한 인력을 유치할 수 있다는 점도 이점이다. 덕분에 러시아, 폴

란드, 체코, 발틱해에 면한 작은 나라의 뛰어난 기술 인력들이 베를린으로 몰려들고 있다. 괴테 인스티튜트가 주최하는 이 지역탐방 프로그램에서 만난 중국학생의 얘기도 비슷하다.

"저는 상해에서 마케팅을 공부하는 대학생인데, 조만간 이곳으로 터전을 옮길까 합니다. 예술로도 그렇고 비즈니스도 쿨하니까요. 미래가 보이기도 하구요."

IT 회사를 다니다 그만두고 여기서 독일어를 배우고 있다는 한 한국여성은 어학코스를 끝내는 대로 베를린의 스타트업에 취업하기로 했다고 한다.

이 모든 것의 배경에는 베를린 시정부가 20년 전부터 추진 중인 'Projekt Zukunft프로젝트 추쿤프트'와 깊은 관련이 있다. 독일어로 '미래 프로젝트'라는 뜻이다. 이 프로젝트가 본격화된 것은 2005년부터인데, 'CMC'라 명명된 세 가지 분야를 베를린 경제의 클러스터로 집중 육성 하겠다는 전략이다. 통신Communication, 미디어Media, 그리고 창조산업Creative Industries의 첫 글자를 모은 단어다. 베를린을 크리에이티브 시티Creative City로 만들겠다는 선언이었다.

베를린정부는 2030년까지 지향할 목표로 '베를린전략 2.0'을 새로이 발표하였다. '일', '주거', 그리고 '열린 도시 공동체'의 3가지가 핵심과제다. 균형 있는 도시를 만들겠다는 것이다. 베를린의 미래 아우토반은 생각보다 훨씬 빠른 속도로 진행되고 있다.

크로이츠베르크는 과거 장벽 옆에 위치해 있어 도시재생 작업이 활발한 지역이다

Chapter 3

베를린, 섹시한 도시

숲속 걷기와
누드 수영

베를린은 걷기에 좋은 도시, 대도시이면서도 삭막한 느낌이 들지 않는 것은 전적으로 풍요로운 녹지와 숲 덕분이다. 2,500개의 공공녹지와 휴식공원을 갖고 있다. 녹지비율이 20퍼센트를 훌쩍 넘는다(크리에이티브 분야에 종사하는 사람의 비율도 그 정도다). 숲이 많지만 물도 풍부한 도시가 베를린이다. 슈프레와 하펠이라는 이름의 강이 흐르고 6개의 운하, 80여 곳의 호수가 있다. 400여 개의 다리가 있는 베네치아를 가리켜 '다리의 도시city of brides'라 말하는데, 베를린에는 이보다 훨씬 많은 979개의 다리가 있다. 공원과 숲, 강물과 호수, 수로를 모두 합하면 베를린의 약 33퍼센트를 차지한다. 이 도시의 3분의 1이 숲과 공원, 그리고 호수로 뒤덮여 있는 것이다. 이 도시의 건강함은 바로 여기서 나온다.

티어가르텐은 베를린의 허파 같은 곳이다. 도심 한가운데 짙은 숲이 있고 동화 같은 호수가 기다리고 있다는 것은 서울에서는 상상하기 힘든 광경이다. 자칫하다가는 숲속의 미로를 헤매다 길을 잃을 정도다. 베를린 시민들은 이 숲속에서 걷고 또 걷는다. 산책이 없는 독일, 숲이 없는 베를린을 과연 상상할 수 있을까? 유대인의 정신적

me, 베를린에서 나를 만났다

베를린의 허파라는 티어가르텐. 숲과 호수, 사람과 반려견이 만나는 건강한 공간이다

힘이 사막과 광야에서 나왔다면 독일민족의 정기는 숲과 산책에서 나왔다.

독일통일을 이룩한 철혈재상 비스마르크의 "(숲속의) 나무들이 우리들의 조상이다"라는 말처럼 독일의 힘은 숲과 무관하지 않다. 독일을 말할 때 절대로 빼놓을 수 없는 두 개의 단어가 있으니 그것은 숲이라는 발트Wald, 그리고 산책을 의미하는 슈파치어강Spaziergang이다. 숲이라는 공간과 산책이라는 라이프스타일이 만나 가장 독일적인 것을 탄생시켰다. 그것이 철학이다. 헤겔, 칸트, 쇼펜하우어, 니체, 칼 마르크스, 라이프니츠, 하이데거, 하버마스로 이어지는 독일철학의 힘은 숲과 산책에서 얻어졌다. 니체는 이렇게 얘기했다. "진정 위대한 모든 생각은 걷기로부터 나온다."

베를린의 숲속은 대낮에도 태양을 가릴 만큼 빽빽하게 우거져 있다. 세계 최고의 동화집인 『그림동화』속에 담긴 이야기들은 대부분 숲속이 무대다. 「헨젤과 그레텔」, 「빨간 모자」의 주인공들은 집에서 나와 미로迷路 같은 숲을 헤매며 늑대도 만나고 마녀의 유혹에 빠진 뒤 결국은 자신만의 출구를 찾는다. 전래동화와 민담을 연구했던 러시아의 민속학자 블라디미르 프로프는 숲을 어린아이에서 어른으로 성장시켜주는 통과의례의 장소로 해석한다.

"동화 속의 숲은 입문의식과 장소에 대한 기억이다."

숲속을 걷는다는 것은 동화의 주인공처럼 자기 자신을 이겨내고 자기만의 길을 발견하고자 하는 행위다. 최재천 교수는 『숲에서 경영을 가꾸다』라는 책에서 '손잡지 않고 살아남은 생명은 없다'고 강조했었다. 숲에서 위기를 만났다가 왕자를 만나던 나무꾼을 만나던, 누군가의 손을 잡아야 한다. 숲도 그렇고, 도시도 그러하다. 그래야 살아남는다.

현대인에게 있어 걷기라는 행위는 단순한 공간의 이동이 아니다. 사무실에 갇힌 시간이 오래면 오랠수록, 정신노동이 길면 길수록, 걷기를 갈구한다. 몸의 기억이 마음을 자극한다. 몸과 다리만 외출한 것이 아니라 사유와 감성, 더 나아가 자신만의 라이프스타일도 함께 외출한다. 운동화는 자신을 표현하는 코드다. 이전의 넥타이가 갖고 있던 지위를 빠른 속도로 운동화가 대체하고 있다. 도시인에게 운동화는 자유일 테니까.

베를린을 걷는다는 것은 관능적인 행위다. 오감五感이라 부르는

베를린의 로고 '암펠만^{Ampelmann}'이 새
겨진 의자에서 일광욕을 즐기는 시민들

■
베를린을 건강하게 만들어주는
공원과 숲. 산책은 이곳의 힘이다

me, 베를린에서 나를 만났다

슈프레와 하펠 강, 6개의 운하, 80여
곳의 호수, 979개의 다리가 있다. 도시
의 3분의 1이 자연으로 뒤덮여 있다

다섯 가지 감각의 본능을 잃고 살아온 지 오래다. 코에 스치는 것들이 향기롭지 않고, 눈에 보이는 것이 시시하며, 미각이 즐겁지 않고, 귀에 들리는 것이 별로 아름답지 않다면 그런 도시의 일상은 얼마나 지루한가? 자연과 교감하고, 고요함 속에 사유할 만한 공간이 없다면 우리의 삶은 또 얼마나 비루할 것인가? 이 도시에 왔으니 온몸에 있는 감각기관의 촉수를 마음껏 열어 모든 공기를 빨아들이고 싶다.

피부에 바람이 스치면 머리의 언어가 아닌 몸의 언어, 여행의 언어가 살아나기 시작한다. 걷는 이 시간만큼은 내 몸의 주인은 내 자신이다. 지친 영혼을 회복시켜주고 죽어 있던 오감이 살아나게 만드니 곧 건강한 도시의 기능이다.

me, 베를린에서 나를 만났다

가족들과 함께 자연에서 시간을 보내는 베를린 사람들. 자연은 지친 영혼을 회복시켜주고 죽어 있던 오감이 살아나게 만든다

　　베를린의 공원과 숲은 섹시하다. 숲속 자전거 도로를 힘차게 달리는 베를리너들의 길게 뻗은 롱다리와 건강한 육체는 아름다움 그 자체다. 반려견들과 산책 나온 사람들의 풍경은 평화롭다. 만약 어디선가 바람이 불어온다면, 살랑거리는 그 바람에 몸과 피부를 맡겨보자. 얼마나 감미롭고 얼마나 유혹적이며 섹시한 바람인지 알게 되리라.

　　녹색이 풍부한 베를린에 2014년 또 하나의 거대한 도심 속 공원이 생겼다. 포츠담 광장 인근의 글라이스드라이크에크 Gleisdreieck 3가선 교차점 공원이다. 세 개의 지하철 노선이 지나기에 독일어로 그렇게 불린다. 도심개발과 도시재생의 건강한 균형을 이루는 사례로 도시개발 담당자들과 학자들의 집중 연구대상인 공원이다.

제2차 세계대전 이전 유럽에서 가장 번화했다고 하는 베를린 포츠담 광장 주변은 전쟁으로 모든 것이 파괴되었다. 그리고 오랜 분단기간 동안 동서 베를린장벽이라는 냉전의 벽에 가로막혀 오랫동안 흉물스럽게 방치되어 있었다. 통일 뒤 기차역 부근의 31.5헥타르에 이르는 거대한 화물차 야적장 공간은 오랜 토론과정을 거친 후 결국 공원으로 재탄생하였다. 수많은 공원이 있는데도 불구하고 도심 속 또 하나의 허파기능을 조성한 것은 그 안에서 시민들의 육체적 건강과 건강한 마음, 더 나아가 창의성이 샘솟는다고 믿기 때문이다.

여기서 주목할 만한 것은 시민단체들이 아이디어를 내고 시행과정에서 주도권을 행사하였다는 점이다. 인근 포츠담 광장을 오피스 건물로 개발하는 대신 그곳에서 얻게 되는 개발수익 가운데 일부를 떼어내 공원개발비용으로 충당한다는 데 합의가 이뤄진 결과였다. 결국 이곳은 아이들의 놀이공원과 자전거, 보드 타기, 비치발리볼, 산책에 이르기까지 다양한 운동을 할 수 있는 창의적인 공간으로 탈바꿈해 시민들에게 개방되었다(실용적으로나 미학적으로 뛰어나 2015년 독일 조경 건축대상을 수상했다).

베를린의 숲과 호수 주변을 걷다보면 가끔 깜짝 놀라게 된다. 여성들이 웃옷을 벗은 채 토플리스topless 차림으로 주변을 의식하지 않은 채 느긋하게 일광욕을 즐기는 풍경은 기본이다. 거대한 그루너발트 숲속 나무 뒤에서 모든 옷을 벗고 태양에 몸을 맡기고 있는 사

2014년에 개장한 도심 속의 공원 '글라
이스드라이에크'. 도심개발과 도시재생
의 건강한 균형을 이루는 좋은 사례다

베를린의 호수와 주변 바다에는 FKK
라 불리는 누드운동 전통이 남아 있
다. 터부가 없는 자연주의운동이다

람들, 호수에서 누드로 수영하는 사람들도 어렵지 않게 목격하게 된
다. 특파원시절 내가 살던 집에서 멀지 않은 곳에 '슐라흐텐제'라는
호수가 있었는데, 그곳에 가면 자전거를 타고 온 사람들이 아무런
거리낌없이 옷을 벗어던진 뒤 호수로 뛰어드는 광경을 종종 목격하
였다. 그들은 베를린에서 가장 큰 호수인 '반제'에서부터 할렌제에
이르기까지 많은 호수에서 누드 수영을 한다. 동양에서 온 사람뿐
아니라 다른 서양 국가에서 온 사람들조차 그런 풍경에 당황해한다.
문화충돌의 현장이다.

　　이것은 'FKK'라는 이름의 누드 문화의 풍경이다. FKK는
'Freikörperkultur'의 약자로 직역하면 '자유몸운동'이지만, 누드운
동이라 불린다. 독일인들은 고대 로마와 대항하던 게르만민족 시절

부터 터부가 없는 민족으로 유명하였다. 검소하고 담백하며 솔직한 습성을 지녔는데, 누드운동도 마찬가지다. 베를린 시내 곳곳의 목욕탕도 남녀혼탕인 이유다. 가끔 한국에서 온 사람들은 누드운동을 자유섹스와 혼동한다. 그들은 단지 자연 그대로의 건강한 몸을 가꾸고 사랑하자는 문화일 뿐이다. 정치인 가운데 FKK 운동을 주장하는 사람들이 과거 동독 출신이 많은 점도 이채롭다. 동독 공산당의 후신인 좌파정당의 원로 그레고르 기지는 공개적으로 FKK 문화보전운동을 펼치고 있는 유명인사다.

남녀혼탕, 토플리스, 누드 일광욕은 터부가 없는 베를린 사람들의 문화일 뿐이다. 자유연애, 사우나 문화에 관해서는 스웨덴 등 스칸디나비아 국가들이 국제적으로는 알려져 있지만, 오히려 베를린이 더 적극적인 듯싶다. 꾸미고 인위적인 것보다 신체의 자연스러운 건강함을 섹시하게 여긴다. 무엇보다 솔직하다. 남의 시선도 크게 의식하지 않는다. 너무도 솔직하기에 여행자로서는 당황스러운 것이다.

여행은 낯선 것과의 만남이다. 익숙지 않은 관습과 문화에 가끔 혼란스럽거나 당황할 수도 있지만 그것도 또 하나의 이문화異文化 탐방 아닐까?

헬무트 뉴튼의
빅 누드

인물은 마지막 전쟁터다. 누구나 할 수 있을 것 같지만 가장 어려운 작업이 인물을 소재로 하는 작업이다. 사진이 더욱 그러하다. 베를린의 〈사진 박물관Museum für Fotografie〉은 평생 인물만 다룬 전설적인 사진작가 헬무트 뉴튼의 작품을 모아놓은 매우 독특한 박물관이다. 화가, 조각가들의 이름을 기린 곳은 많지만 사진작가 이름을 딴 박물관은 흔치 않다.

그는 베를린이 낳은 또 한 명의 스타다. 이 도시에는 나치의 탄압을 피해 탈출했다가 다시 돌아온, 베를린 출신 유대인을 기리는 이색적인 박물관 두 곳이 있다. 그중 하나가 헬무트 뉴튼의 〈사진 박물관〉이고 또 다른 하나는 피카소의 친구였던 〈베르크그뤼엔의 박물관Museum Berggruen〉이다. 두 곳의 박물관은 그리 멀지 않은 곳에 있어 오전, 오후로 나눠서 보는 것도 좋을 듯싶다.

〈사진 박물관〉은 베를린 동물원 역 바로 옆 골목에 자리 잡고 있다. 주요 기능이 동쪽 중앙역으로 옮겨간 뒤에도 오랫동안 서베를린 교통의 중심지였던 동물원 역 주변의 공동화를 방지하기 위해서 2004년 이곳에 〈사진 박물관〉을 유치하였다. 근처에 〈비키니 베를

베를린 출신 유대인 사진작가 헬
무트 뉴튼. 작품 발표 때마다 환호
와 야유가 뒤섞인 화제의 작가였다

헬무트 뉴튼의 〈사진 박물관〉.
동물원 역 바로 옆에 있다

me, 베를린에서 나를 만났다

An dieser Stelle stand das Geburtshaus
von HELMUT NEUSTÄDTER (1920-2004),
Sohn jüdischer Eltern.
Nach seiner Emigration im Jahre 1938
wurde er als

Helmut Newton

einer der weltweit bekanntesten Fotografen.

위 | 그는 1920년 박물관 자리에서 헬무트 노이슈
테터라는 본명으로 태어나, 나치 집권 후 망명길
에 오르며 1938년 헬무트 뉴튼으로 개명하였다
아래 | 헤무트 뉴튼은 '패션 누드'라는 새로운 분
야를 개척한 사진작가다

린〉과 함께 이 지역의 새로운 명물로 등장하였다. 〈사진 박물관〉 건물 가운데 지상 두 개 층이 헬무트 뉴튼 재단과 그의 사진작품 상설 전시장이다. 3층에서는 예술도서관이 소장한 다른 작가의 사진전도 열린다.

박물관에 들어서자마자 정면 계단 벽면에 그의 트레이드마크라 할 수 있는 '빅 누드Big Nudes'의 큼직한 사진이 기다리고 있다. 「헬무트 뉴튼: 섹스와 풍경」이라는 이름에서 풍기듯 과감하고 도발적인 주제다.

"옷은 그렇게 중요하지 않다!"

그가 남긴 유명한 말이다. 여성의 아름다운 누드를 과감하고 관능적으로 표현해 '패션 누드'라는 새로운 분야를 개척한 사진작가다. 파리와 뉴욕 같은 대도시의 거리에서 여자의 인체를 흑백대조로 처리하는 것으로 유명했는데, 특히 1980년대의 유명한 '빅 누드' 시리즈는 '에로틱-어반 스타일erotic-urban style'이라는 독특한 장르를 만들어냈다. 「플레이보이」 잡지에는 나타샤 킨스키, 크리스틴 드 벨의 옷을 벗어던진 스타의 사진을 게재해 누드의 거장이라는 평을 받았다. 그는 세계적인 패션잡지 「보그」와 「하퍼스 바자」의 단골 사진작가였다. 그가 함께한 여배우들에는 카트린느 드뇌브, 모니카 벨루치, 아누크 에메, 마돈나까지 하나같이 당대를 대표하는 여배우 혹은 연예인이었다.

"나는 컬러를 사용하는 것을 증오했다. 투명필름을 사용하는 것

역시 싫다."

생전에 그가 했던 말처럼 박물관에 걸린 그의 작품들은 대부분 흑백사진들이다. 네거티브 필름을 사용하면서부터 컬러가 조금씩 좋아지기 시작했다고 말하던 그였다. 그의 사진은 누군가에게는 천박하고 외설적이고, 퇴폐적이고 직설적으로 느껴지지만, 또 다른 누군가로부터는 시대를 앞서간 세련된 욕망의 표현으로 평가받는다. 그의 사진들 앞에 서면 관능과 힘을 느끼지 않을 수 없지만 한편에서는 여성의 상품화를 부추긴다는 비판도 따라왔다.

"헬무트를 사로잡은 것은 여자, 섹스, 사진, 이렇게 세 가지뿐이었다."

그의 아버지의 회고처럼 젊었을 때부터 그는 여자들에게 인기가 많았다. 훤칠하게 큰 키도 작용했다. 사진 찍고 여자들과 재미있게 시간을 보내는 것이 전부였다. 그럼에도 그의 곁에는 늘 사진기가 있었다. 사진기는 그의 정체성을 말해주는 엠블럼 같은 것이었고 세상으로 나가고자 하는 야망의 도구였다. 섹스와 예술은 중립이 없고 객관도 없다. 철저히 주관적이고 창조를 위한 자기 파괴만이 있을 뿐이다.

그의 인생행로를 바꿔놓은 것은 유대인이라는 출신이었다. 헬무트 뉴튼의 삶을 되돌아보면 마치 '신발보다 국적을 더 자주 바꿔 신었다'던 시인이며 극작가였던 베르톨드 브레히트의 삶을 연상하게 만든다. 그는 1920년 베를린에서 '헬무트 노이슈테터'라는 이름으로

헬무트 뉴튼의 트레이드마크인 '빅 누드'.
유명 모델에 대한 아슬아슬한 카메라샷
은 언제나 화제와 논란을 불러 일으켰다

박물관에 전시된 헬무트 뉴튼 관련 잡지 및 서
적들. 헬무트는 다른 작가들이 닮고 싶은 사진
작가의 아이콘으로 떠올랐다. 평생 찍은 누드를
본인조차 헤아릴 수 없을 정도로 많이 찍었다

태어났지만 성장한 뒤 스스로 성을 바꿨다. 단추와 혁대의 버클 제조
공장을 운영했던 부유한 유대인 부모 덕분에 12살 때 생애 첫 카메
라를 구입한 뒤, 독일 사진작가의 스튜디오에서 사진을 배웠다.

　1938년 11월 9일의 악명 높은 '크리스탈의 밤'에 나치정권이 유
대인 상점을 공격하자, 부모는 남아프리카 공화국으로 망명을 떠났
다. 혼자 남았던 그는 여권 발급 나이인 만 18세가 되자 홀로 독일을
떠나 이탈리아의 항구도시 트리에스테로 갔다. 그곳에서 나치를 피
해 떠나는 200여 명의 다른 승객들과 함께 '콘테 로소'라는 여객선
에 몸을 싣고 싱가포르에 도착한다. 원래는 중국으로 갈 계획이었지
만, 싱가포르가 안전하다는 사실을 깨닫고 그곳에서 잠시 동안 영자

신문 「스트레이트 타임스」를 위해 일한다. 그리고 영국정부기관에서 인턴으로 채용되어 호주에 파견되었다가 호주 국적을 취득한다.

1961년 파리의 유명 패션잡지 〈보그〉와 일하면서 그의 명성은 널리 알려지게 된다. 베를린-싱가포르-호주-영국-파리-몬테 카를로-미국으로 이어지는 그의 노마드 인생이 시작된 것이다. 유명 모델에 대한 아슬아슬한 카메라 샷은 즉각 화제와 논란이 되었다. 이름을 얻으면서 그의 사진들은 더 대담해졌고 더 에로틱해졌다. 그가 만들어낸 이미지들은 다른 작가들의 작품과 차별화되었기에 〈보그〉를 대표하는 작품이 되었다. 헬무트는 다른 작가들이 닮고 싶은 사진작가의 아이콘으로 떠올랐다. 평생 찍은 누드를 본인조차 헤아릴 수 없을 정도로 많이 찍었다. 한때는 성차별주의자란 비판도 받았다.

"나는 영화에 나오는 여배우들에 영향 받거나 문학작품에서도 역시 영향을 받는다. 하지만 그렇다고 해서 사람들이 처음에 내 사진을 보고 성차별주의자의 상징이라고 말하는 것은 헛소리다. 물론 나는 여자들을 사랑한다. 그렇지 않았더라면 그토록 오랫동안 여성들을 촬영할 수 없었을 것이고, 아마도 나는 호모 섹슈얼이 되어 있을지도 모른다."

사진작가로서 그는 프랑스, 모나코, 독일, LA로 이어지는 네 개의 코너를 순환하는 삶을 살았다. 그의 인생은 마치 영화와 같아서 잠시도 쉬지 않고 한 장면 다음에 또 다음 장면으로 이어지는 논-스톱 액션이었다. 어디로 여행하든 그의 사진에서 관능과 데카당스적인 분위기는 빠지지 않았다.

〈사진 박물관〉 1층에 전시된 헬무트 뉴튼의 생전 전시회 포스터, 가장 성공한 사진작가였지만 자신의 작업이 예술에 묶이는 것을 거부하였다

"인물 사진작가로서 나의 직업은 유혹하고, 즐겁게 하고, 오락을 주는 것이다."

그는 관음과 욕망의 연출자였다. 여자들을 유혹하는 재주도 탁월했다. 빅 누드뿐 아니라 남장여자, 도메스틱 누드 시리즈 여러 주제들을 다뤘다. 특히 그는 호텔방에서의 사진작업을 즐겨했다. 샹들리에가 비치고, 벨벳 천이 드리운 호텔방이나 화려한 볼룸에서 즐겨 누드 사진을 찍었다. 그에게 사진작업은 연회이고 잔치였다.

"나는 흰 종이 배경을 싫어한다. 여성은 흰 종이 앞에 사는 것이 아니고 거리 위, 자동차 안, 그리고 호텔방 안에서 산다. 나는 호텔방에 있기 마련인 빛을 좋아한다. 룸서비스도 있다. 그리고 어떤 것이든 스튜디오보다는 낫다. 나는 사진 안에 어떤 물건이든 있는 것이 좋다. 예를 들어 전자기기의 플러그, 전선, 전화기, 텔레비전 같은 것들이다."

외설인가, 예술인가? 관능인가, 내면의 진솔한 표현인가? 가학과 피학이 혼합되어 흔히 줄여서 SM이라 표현되는 사도-마조히즘, 속옷이나 특정 의상에 집착해 성애를 느끼는 페티시즘fetishistic 분위기가 가미된 사진들은 발표할 때마다 찬반양론으로 시끄러웠다. 헬무트 뉴튼은 그런 비판에 이렇게 반박했다.

"누드와 신체 결박 장면은 내 자신의 한계를 넘는 나만의 방법이다. 나는 그것을 했기 때문에 신선하고도 성숙한 눈으로 패션으로 다시 돌아와 더 많은 인물 사진작업을 하고 싶다."

논란에도 불구하고 그는 성공한 작가였다. 세계적인 온라인 중고서점인 에이브북스에 따르면 헬무트 뉴턴이 1999년에 내놓은 「스모」라는 사진집이 43만 달러(약 5억 원)에 팔려 20세기에 나온 사진집 중 가장 비싸게 팔렸다. 유명인사들의 친필서명이 들어 있던 탓도 있겠지만 여전히 최고 인기를 누리는 사진작가임에 틀림없다. 성공한 작가였지만 그는 예술이라는 단어는 싫어했다. 자신의 작업을 예술이라는 카테고리에 묶는 것을 거부하였다.

"사진에 두 개의 더러운 말이 있는데, 그중 하나는 '예술'이고, 또 다른 하나는 '좋은 취향'이다. 아름다움은 지적인 것이고, 귀티란 돈과 아무런 관련이 없다."
"어떤 사람의 사진은 예술이다. 하지만 나의 것은 아니다. 사진의 세계에서 예술이란 더러운 단어다. 이 모든 예술 사진은 이미 사진을 죽이고 있다."

〈사진 박물관〉에는 작품 상설전시전과 함께 그의 여행가방과 메모수첩, 타고 다니던 자동차 같은 개인 소장품이 함께 전시되어 있다. 헬무트 뉴튼은 2004년 캐딜락을 몰고 L.A.의 선셋 블러버드를 운전하다 담벼락을 들이받고 숨졌다. 83세의 나이였다. 그가 스스로 표현하였듯이 두려움과 허세의 양 극단 사이에서 균형을 찾으려던 인생이었다. 사진은 그의 스토리텔링 방식이었다.

"용감하고, 과감하며, 당신이 되세요. 다른 사람이 아닌 항상 당신 자신에 의지하세요."

"Be Brave, Be Bold, Be You. Always depend on yourself, never on others."

그렇다. 누군가를 자꾸 의식하지 말고 내 자신이 되어야 한다. 결국 의지할 것은 다른 사람이 아니라 내 자신이어야 한다. 하지만 그게 어디 쉬운가. 베를린 박물관의 무거운 문처럼 열기가 무척 어렵다.

뇌가
섹시한 사람들을 위한
도서관

유혹하는 도시에는 유혹하는 도서관이 있다. 매력적인 도시에는 매력적인 책방도 있어서 그 도시를 다시 찾게 만든다. 여행자의 '머스트 두 리스트Must-Do List'를 보면 그 사람을 알 수 있다. 아무리 시간에 쫓긴다 하더라도 반드시 해야 할 리스트 목록에는 그 사람의 성격과 취향, 무엇을 하고 싶은지 모두 나타난다. 만약 그 리스트에 책방 투어가 있다면 그는 분명 책을 좋아하는 사람이다.

하지만 도서관 투어라면 얘기는 조금 달라진다. 책을 좋아할 수도 있지만, 공간과 디자인, 인테리어에 관심이 많은 사람일 수도 있다. 여행지에서 그 지역 도서관을 찾는 데는 또 다른 이유가 있다. 도서관은 뇌가 섹시한 공간이어서 그 도시 사람들의 뇌가 얼마나 섹시한지 가늠할 수 있는 까닭이다. 21세기는 지식과 창의성이 경쟁력과 생산성을 결정하는 핵심요인으로 작동하는 지식기반 사회, 갈수록 도서관이 중요하다.

달렘은 녹지가 풍요롭고 고풍스러운 고급 빌라들이 가득한 베를린에서 가장 부유한 지역으로 손꼽히는데, 그곳에 자유베를린 대학FU 캠퍼스가 있다. 흥미롭게도 2005년 이 대학에는 '베를린의 뇌

The brain of Berlin'라는 별명을 가진 도서관이 개관했다. 정식명칭으로는 이 대학의 〈언어학 도서관〉이다. 도서관의 둥그런 지붕이 인간의 두뇌와 닮았다 하여 그런 별명이 지어졌다. 이 도서관을 디자인한 사람은 영국 출신의 세계적인 건축가 노만 포스터, 만드는 작품마다 세계 건축학계의 주목을 끄는 거장이다.

미래도시 느낌이 드는 애플 사옥, 유리달걀이라는 별명의 런던 시청, 홍콩의 첵랍콕 공항, 홍콩 상하이 은행HSBC 본사건물, 프랑스 님Nîmes에 있는 까레 다르Carré d'Art, 런던 축구경기장인 웸블리 스타디움, 전쟁과 분단으로 폐허가 되어 있던 베를린의 라이히슈타크 건물을 거대한 투명 지붕을 씌운 의사당 건물로 재탄생시키는 등 손을 대는 건축마다 화제를 일으켜왔던 유명 건축가다. 첨단기술을 활용한 하이테크 건축, 유리자재를 활용하여 에너지 효율을 높이는 친환경 건축으로 정평이 난 스타 건축가다.

4층 구조인 이 도서관은 대학 중앙 정원의 공간에 타원형 모양으로 자리 잡고 있다. 1997년에 공사를 시작해서 8년만에 완성되었으며, 1,800만 유로의 공사비가 들었다. 첨단기술을 활용한 구조설계로 자연 통풍과 환기를 가능하게 해서 에너지 소비를 줄이고자 하는 그의 건축철학이 그대로 묻어 있는 디자인이다. 저녁때가 되면 투명한 유리패널 사이로 흘러나오는 불빛과 새가 날개를 편 것 같은 열람실의 모습은 환상적이라는 표현도 부족하다. 노만 포스터는 이렇게 말하고 있다.

"반투명한 유리 섬유질의 내부 멤브레인건물의 방수공사에서 얇은 피막상의 방수층이 햇볕을 걸러주고 집중하는 분위기를 창조해낸

위 | 자유베를린 대학의 〈언어학 도서관〉.
세계적 건축가 노만 포스터의 작품. 반투명
한 유리 섬유질의 내부 멤브레인이 햇볕을
걸러주고 집중하는 분위기를 창조해낸다
아래 | 에너지 소비절약 구조설계라는 건축
철학이 담긴 디자인으로 자연 통풍과 환기
가 가능하다

다. 반면 흩어져 있는 창문들은 빛과 어둠이 변화하는 일정한 패턴을 만들어내서 순간적으로 하늘의 경관과 햇볕을 맛보게 해준다."

베를린에는 모두 네 곳의 대학과 네 개의 예술 학교가 있다. 저마다 색다른 도서관을 보유하고 있는데, 자유베를린 대학의 라이벌인 훔볼트 대학은 '베를린의 뇌' 못지않은 혁신적인 도서관을 보

me, 베를린에서 나를 만났다

달렘 지역에 있는 자유베를린 대학 캠퍼스. 가운데 둥근 지붕의 건물이 '베를린 뇌'라는 별명의 〈언어학 도서관〉이다

유하고 있다. 이 대학의 〈야콥과 빌헬름 그림 센터 Jacob und Wilhelm Grimm Zentrum〉는 2009년 10월 12일 개관 때부터 많은 화제를 뿌린 도서관이다. 건축, 디자인, 인테리어, 실용, 친환경, 접근성, 도서의 배치 등 거의 모든 영역에서 전문가들의 주목과 이용자들의 찬탄을 받았다. 스위스 건축가 막스 두들러 Max Dudler의 작품으로 역동적인 베를린의 건축 디자인의 흐름을 확인할 수 있다. 베를린 건축상 등 건축 관련상을 휩쓸었다. 두 대학 모두 대학도서관임에도 불구하고

세계적인 건축가들에게 디자인을 의뢰하였다는 사실이 놀랍다. 보관 장서와 정보공유 시스템도 물론 중요하지만 그에 못지않게 디자인도 중요시하고 있음을 느끼게 만든다.

〈야콥과 빌헬름 그림 센터〉는 베를린 시내 한복판인 게슈비스터-숄-슈트라세Geschwister-Scholl-Straße 1번지에 있는데다 여행자 신분이라도 입장이 가능하니 얼마나 매력적인가. 2016년 기준으로 189개 과정에 3만 2천 500명의 학생이 등록하고 있는 홈볼트 대학에는 모두 12개 도서관 있는데, 이 도서관은 그 가운데 인문사회 분야의 연구중심이다. 약 2백만 권의 도서를 소장하여 중앙도서관 역할도 한다. 장서 기준으로 독일 내에서 가장 큰 도서관이다.

너무도 유명한 『그림동화』를 세상에 펴낸 그림형제의 업적을 기리기 위해 최고 도서관에 그들의 이름을 붙였다. 그림형제는 단지 동화를 수집한 사람이 아니었다. 형제는 이 대학의 교수로 재직하였고, 언어학, 민속학, 그리고 독일어권의 언어와 문학, 문화, 신화 등을 연구하는, 통칭 게르마니스틱Germanistik이라 부르는 독일학獨逸學의 창시자였다. 그들은 최초의 『독일어 대사전』을 쓰기 시작하였던, 정신과학 거의 모든 분야에 걸쳐서 독일 인문학의 튼튼한 토대를 만든 주역이다. 독일이 자랑하는 학문적 자료, 지식과 경험의 축적이 어떻게 이뤄졌는지 알려면 두 형제의 삶을 보면 된다. 무엇보다 그림형제는 도서관 사서로서 인생을 시작했다. 그림형제가 생전에 읽고 연구하였던 개인 서적 6천여 권이 이 도서관에 소장되어 있다.

이 도서관의 위치는 특이하게도 도시철도가 지나는 철로 옆이다. 그렇지만 방음이 완벽해 소음의 영향을 전혀 받지 않는다. 엷은 갈색 석조와 유리 창문으로 이뤄진 38미터 높이의 건물이다. 건물의

me, 베를린에서 나를 만났다

홈볼트 대학의 도서관 〈야콥과 빌헬름 그림 센터〉. 그림동화를 쓴 그림형제의 업적을 기린 도서관

파사드는 사방 모두 세로로 길고 좁은 창문, 반복되는 단순함이 강조되고 있지만 외관만으로는 특별한 감동을 느끼기 어렵다. 하지만 일단 도서관에 들어가면 얘기는 달라진다. 내부 인테리어와 효율성, 그리고 도서관 공간의 혁신적 발상에서 감탄하지 않을 수 없다. 건축, 디자인 전문 매체인 「아치 데일리」는 할리우드 블록버스터영화에서나 볼 수 있는 거대한 세트장 같은 풍경의 도서관이 세계 건축가들의 호기심을 자극하고 있다고 평할 정도다.

한국에서 대학도서관이라고 하면 제일 먼저 연상되는 것이 폐쇄성이다. 입구부터 신분증 검사를 하고 많은 책들이 자유 개가식이 아닌 사서를 통해 열람이 가능하다. 사방이 벽이나 칸막이로 막혀 있다. 하지만 이곳은 정반대다. 모든 것에서 개방성을 지향한다.

입구에서 신분증 검사도 없고 벽이나 칸막이조차 없다. 도서관 안에 있으면 어느 곳에서는 건물 내부 조망이 가능하다. 계단식으로 되어 있는 열람실은 중앙홀을 사이에 두고 마치 거울을 바라보듯 여러 층으로 이뤄진 열람실과 정면으로 마주하게 만든다. 덕분에 한국학생들 사이에서는 '잠잘 수 없는 도서관'이라는 별명을 가진 곳이다.

현대 베를린의 건축 언어가 어떻게 말하고 있는지 그 흐름을 엿볼 수 있는 작품이다. 특히 스카이sky라 명명된 천장의 거대한 유리창은 하늘의 자연 채광을 그대로 살려 열람실까지 그대로 전달된다. 흐린 날씨가 많은 베를린의 기후를 감안한 설계지만, 자연 에너지를 선호하는 이곳의 공간철학을 읽을 수 있다. 도서관의 전체 공기순환, 냉난방도 고려하였다. 도서관 전체 건물의 높이와 넓이의 일관성도 놀랄 정도다. 이 건물을 설계한 건축가 막스 두들러는 그 이유를 이렇게 설명하고 있다.

"도시계획이라는 관점에서 베를린이 매우 평평한 지형의 땅이라는 사실을 감안했을 때 우리는 수직적인 것보다 수평적 개념으로 접근하고자 했다. 베를린은 건물 높이가 22미터를 넘으면 안 된다는 제한 규정이 있는데, 다만 공공건물은 예외다. 따라서 지식 축적의 장소로서 도서관이 갖는 공공장소로서의 중요성, 그리고 책이 갖는 도시건축 엠블럼으로서의 상징성을 기념하기 위해서라도 우리는 이 건물 가운데 일부를 고도제한을 넘어서 설계하기로 했다. 건물 타워는 그래서 38미터 높이로 지어졌고 이 도서관은 근처에 있는 박물관섬의 문화적 실루엣과 어울리고자 하였다."

스위스 건축가 막스 두들러가 설계한 것으로 어느 곳에서나 건물 내부 조망이 가능하다. 독일의 현대건축 언어를 엿볼 수 있는 곳

그의 말처럼 통일 이후 베를린의 새로운 건축규정은 도심지역에 고도제한을 하였다. 박물관섬 옆 왕실 교회 베를린 돔의 실루엣을 방해하지 않는 게 그 기준이다. 하루 평균 5,200여 명이 이용할 정도로 인기 높은데, 희귀본을 제외하고 대부분의 책들은 자유 개가식이다. 특이한 것은 이 도서관은 훔볼트 대학생뿐 아니라 모든 이들에게 개방된다는 사실. 다만 훔볼트 대학생들의 공부와 연구활동 보호를 위해 1층에서 5층까지는 훔볼트 홈존HU Home Zone 으로 지정되어 있다.

열람석은 1,036석이나 되지만 대기자 많아 만약 1시간 이상 자리를 비우면 다른 사람이 그 좌석 이용해도 무방하다는 규칙을 정해 놓았다. 그래서 도서관에 입장할 때 꼭 챙겨야 하는 것 중의 하나가

언어학자 빌헬름 폰 훔볼트의 교육정신에 따라
설립된 훔볼트 대학 본관, 운터덴린덴 거리에
있으며, 칼 마르크스, 헤겔, 아인슈타인, 그림형
제 등을 배출한 독일 대학 근대화의 출발점이다

휴식 시간 표시증^{Pausenscheiben}이라는 표시증이다. 자리를 비울 때 그 종이에 시간을 정확하게 기재한 뒤 책상 위에 올려두어야 한다. 건축가 막스 두들러의 이야기를 더 들어보자.

"하나의 중앙 열람실을 둘 것인가 혹은 탈^脫집중화된 여러 개의 작은 열람실을 갖출 것인가 논쟁이 치열했는데, 두 가지 모두 갖추는 쪽으로 결론이 났다. 도서관에 소장중인 250만 권의 도서 자료들은 거대하고 여러 개 층으로 이뤄진 홀에서 모두 접근 가능하도록 되어 있다. 중앙에 대^大열람실이 있고 이를 중심으로 몇 개의 작은 열람실이 흩어져 있는 구조다. 즉 열람실은 탈중심 작업도 가능한 중심 공간이라는 뜻이다. 각각 다른 분야의 연구가 한군데 모이게 한다는 것이 결국 훔볼트의 정신이다. 정직한 말로 표현하자면 방문자가 대학과 방문자 사이의 장벽을 넘게 하자는 의미에서 방문자들도 입장 가능하도록 하였다."

도서관 공간 개념에 있어 혁신적인 발상이다. 외부인은 지상층과 6, 7층, 그리고 컴퓨터가 있는 PC룸을 이용할 수 있다(독일에서 지상층은 0층, 그리고 우리의 2층이 1층이다). 7층에는 어린이와 부모를 위한 방이 따로 지정되어 있다. 어린이들이 좋아하는 컴퓨터 게임, 동화책, 어린이용 게임, 수유를 위한 특별 의자들에 있어서 어린 아이를 동반한 부모를 배려하면서 동시에 다른 열람실도 방해받지 않게 한다.

도서관의 개방시간은 평일은 오전 8시부터 자정까지 토요일과 일요일은 오전 10시에서 밤 10시까지다. 다른 분야는 업무시간과 영업시간이 엄격하게 제한되어 있는, 그래서 가끔 재미없다는 평도 듣는 베를린이지만, 도서관의 문만큼은 매일 열려 있다. 뇌가 섹시한 사람들이 일하는 베를린 스타일이다.

스타 건축가들의
경연장

과거의 유산으로 간신히 명성을 지탱해가는 유럽의 다른 늙은 도시
들과 달리 베를린은 젊다. 역동적이라는 단어로는 그 현상을 담기에
부족하다. 도시 전체가 마치 뜨거운 심장이 꿈틀거리듯 활기차다.
단순히 한두 개 건물이 그런 게 아니라 도시 전체가 거대한 재생 프
로젝트 수행중인 것 같은 기분이 들 정도다. 베를린에는 통일 이후
세계적인 거장들의 살아 있는 현대건축 박물관이라고 해도 좋을 만
큼 수많은 걸작을 탄생시켰다.

　　노먼 포스터의 국회의사당, 렌조 피아노의 포츠담 복합시설, 헬
무트 얀Helmut Jahn의 소니센터, 데이비드 치퍼필드의 베를린 신新 박
물관, 렘 쿨하스의 네덜란드대사관, 다니엘 리베스킨트의 유대 박물
관, 장 누벨의 라파예트 백화점, 프랭크 게리의 DG은행 등 이루 헤
아릴 수 없다. 단순한 독일의 수도가 아니라 유럽을 대표하는 얼굴
이 된 것이다. 이미 경제적으로나 정치적으로 오래전부터 유럽연합
을 리드하는 곳이지만, 이제는 문화와 건축 분야에서도 그러하다.
이는 독일 연방정부의 야심찬 계획과 베를린시의 합작품이다. 건축
과 디자인 분야에서 일하거나 공부하는 사람들이라면 이 도시를 마

치 성지순례 하듯 방문하는 이유다.

노먼 포스터의
독일 연방의회 의사당 라이히스탁

1945년 5월 2일, 소련군 사진담당 예브게니 칼데이는 독일 연방의
회 의사당이었던 베를린 〈라이히스탁Reichstag〉건물 안을 두리번거
리고 있었다. 마침 지나가던 소련군 병사 네 명이 보였다. 칼데이는
이들에게 소련의 적기를 건네주며 걸어줄 것을 부탁하였다. 이들
은 함께 건물 위로 올라갔다. 우크라이나 출신의 18살 병사 알렉세
이 코발요프가 적기를 게양하는 모습을 칼데이는 흥분되지만 침착
하게 셔터를 눌렀다. 35밀리미터 렌즈가 달린 독일제 라이카 III 카메
라였다. 베를린 심장부 한복판에 적기가 걸린다는 것은 소련군의 승
리, 나치의 패망, 더 나아가 제2차 세계대전이 끝났음을 알리는 상징
적 사진이었다.

　〈라이히스탁〉이라 불리는 이 건물이 처음 세워진 것은 1871년,
비스마르크의 주도로 독일통일을 이룬 직후였다. 당시 103점의 경
쟁작 가운데 최종으로 선정된 작품은 프랑크푸르트 출신의 건축가
파울 발로트의 설계였다. 젊고 강한 국가 프로이센 제국의 자부심을
표현하고자 하는 의지가 담겨 있었다. 신고전주의 양식으로 세워졌
으며, 웅장한 파사드와 유리와 강철로 제작한 둥근 지붕 돔을 지니
고 있었다.

　하지만 이 건물은 독일의 현대사만큼이나 우여곡절을 겪었다.

1945년 소련군이 점령한 베를린
〈라이히스탁〉 건물. 나치 패망을
알리는 적기가 게양되고 있다

나치들에 의해 화재사건이 일어나고 제2차 세계대전에서 공습을 받아 완전히 파손돼 한동안 폐허처럼 변해 있었다. 파란만장한 역사를 뒤로 하고 독일은 다시 통일이 되었다. 1990년 10월 3일, 독일통일 공식 행사가 이 건물에서 헬무트 콜 총리, 리하르트 폰 바이츠제커 대통령, 전 총리이자 베를린 시장이었던 빌리 브란트 등 유명인사들이 참가한 가운데 열렸다. 다음 해인 1991년 6월 20일, 독일의회는 수도를 라인 강변의 본에서 베를린으로 옮기기로 결정하였다. 준비과정을 거치면 약 반세기만에 베를린은 다시 독일의 수도가 된 것이다.

〈라이히스탁〉은 통일독일의 수도를 상징하는 얼굴이 되어야 했다. 권력을 의미하는 독일어 단어 마흐트Macht의 상징이 아닌 새로운

베를린의 얼굴을 요구하였다. 국제적인 공모전의 결과 1992년 영국
의 저명한 건축가 노먼 포스터에게 프로젝트가 돌아갔다. 의사당 전
면 벽만 남기고 건물을 모두 뜯어낸 뒤 내부의 안마당 위로 가벼운
유리와 알루미늄으로 만든 돔을 덮었다. 그 옆에 나선형 경사로를
매달아서 시민들이 의회가 일하고 있는 광경을 투명하게 볼 수 있게
했다. 거울로 덮은 환기통이 원형 큐폴라cupola에서 내려와 아래층의
조명과 환풍을 동시에 해결해준다. 야간에도 조명을 환하게 밝힌 돔
은 새로운 독일 민주주의의 횃불처럼 빛나고 있다. 360도 전망이 가
능한 데다, 투명하게 의사당을 내려다 볼 수 있다는 혁신적인 아이
디어 덕분에 즉각 화제를 불러일으켰다.

　지금 너무도 유명해진 의사당 건물 위의 투명 유리 큐폴라는 그

프로이센 제국의 힘과 영광을 상징했던 〈라이히스탁〉 건물. 동서독 통일 뒤에는 민주주의와 개방, 포용정신을 표방한다. 투명지붕 설계로 방문자가 끊이지 않는 인기 방문지다

투명 유리지붕이 빛나는 〈라이히스탁〉
건물, 전통과 미래건축의 만남이다

러나 원래 노만 포스터의 아이디어가 아니다. 독일의 저명한 건축가
고트프리드 뵘은 1988년 관람객들이 나선형 계단을 이용해 상층부
로 이동하는 유리 투명 큐폴라에 대한 아이디어를 최초로 냈었는데,
독일정부는 그의 아이디어를 출품자들에게 공유해 결국 노먼 포스
터의 아이디어와 절충해 설계가 이뤄졌다. 그의 원안은 파라솔풍의
지붕을 얹는 것이었지만 엄청난 비용이 든다는 반대에 부닥쳐 결국
투명 유리 큐폴라 안과 절충하게 되었다. 건물 내에 나선형 복도라
는 아이디어는 훗날 노먼 포스터가 런던 시청 건물을 지을 때 다시
활용되었다. 〈라이히스탁〉의 투명 유리 돔은 독일에서 두 번째로 방
문자가 많은 대표적인 인기 방문지가 되었다. 독일정치의 1번지가
아닌 유럽정치의 실질적 1번지가 된 것이다.

me, 베를린에서 나를 만났다

포츠담 광장과
헬무트 얀의 소니센터

베를린에 오면 반드시 두 곳의 포츠담이라는 이름과 만난다. 그 한 곳은 베를린 시내 한복판에 있는 〈포츠담 광장〉이고 또 다른 한 곳은 베를린과 이웃한 도시 포츠담이다. 〈포츠담 광장〉은 원래 포츠담으로 향하는 기차가 출발하는 역이라는 뜻에서 그런 명칭이 붙었다. 2차 세계대전 이전에 유럽에서 가장 혼잡한 교차로의 역할을 하였다. 그러나 세계대전과 베를린 장벽으로 양분되면서 화려했던 모습은 감춰지고 황량하게 방치되었다.

　〈포츠담 광장〉은 문자 그대로 그라운드 제로였다. 상전벽해桑田

상공에서 본 포츠담 광장.
둥근 지붕이 〈소니센터〉다

포츠담으로 향하는 기차가 출발한 데서 〈포츠담
광장〉이란 이름이 유래되었다. 전쟁과 분단으로
황폐화되었던 곳에서 급속히 활기를 되찾고 있다

■
〈포츠담 광장〉 주변을 따라 냉
전의 상징인 장벽이 서 있었다

me, 베를린에서 나를 만났다

역사적 기록을 위해 남겨진 장벽에는 개
성 있는 스트리트 아트를 감상할 수 있다

碧海, 뽕나무 밭이 푸른 바다로 변하는 것처럼 몰라볼 정도로 변한 곳을 칭하는 말인데, 이곳이 바로 그러하다.

베를린 시정부는 개발 초기 많은 비난여론에도 불구하고 이곳을 네 개의 지구로 나누어 개발하였다. 재개발과정에서 핵심은 퇴근 이후 도심의 공동화 방지였다. 때문에 많은 건물들이 일정 비율이상의 주상복합을 의무화했다. 가장 큰 지구는 이탈리아 건축가 렌조 피아노의 설계로 벤츠로 유명한 자동차회사 다임러크라이슬러가 개발하였다. 그렇지만 크게 보면 다임러 구역과 소니 구역으로 구분된다. 이 가운데 가장 화제가 되는 지역은 두 번째 지역이다. 모두 일곱 개의 건물이 들어 서 있는데 일본의 소니그룹이 투자하였다. 그 가운데 최고 명물은 〈소니센터〉다. 2000년 6월 개장했으며 모두 일곱 개의 건물이 들어서 있다. 건물 사이에 삼각형 모양으로 조성된 〈소니센터〉 광장이 있다. 독일 출신 미국 건축가 헬무트 얀은 지붕 부분을 일본의 상징 후지 산의 이미지를 가득 담아 설계하였다. 특히 석양이 지고 이곳에 조명이 들어오면 시시각각 변화하는 거대한 빛의 움직임이 관람자들의 탄성을 자아내기에 충분하다. 월드컵기간에는 〈소니센터〉 플라즈에 대형 스크린이 설치되어 축구 경기를 관람할 수 있도록 하고 1층에 다양한 맥주 펍과 카페들이 있어 언제나 관광객으로 가득하다. 기업의 사무실, 국제회의를 위한 콘퍼런스 센터와 고급 호텔, 콘도 등이 있고, 4D 영화관, 영화박물관, 영화학교, 40여 개 스크린을 갖춘 영화관 등이 있어 베를린 영화제의 핵심 행사장이기도 하다. 2017년 9월부터 레고랜드도 들어왔다.

2006년 소니그룹은 2008년 글로벌 경제위기 당시 독일과 미국 합작 투자사에 〈소니센터〉를 매각했다. 한국의 국민연금공단도 지

헬무트 얀이 설계한 〈소니센터〉. 지붕
은 일본 후지산의 이미지를 차용하였다

〈소니센터〉는 사무실, 국제회의장, 호텔, 영화관, 다양한
카페와 맥주집이 있어 관광객들의 사랑을 받는 곳이다

렌조 피아노가 설계를 주도
한 다임러 구역의 쇼핑센터

me, 베를린에서 나를 만났다

분을 인수하여, 건물 입구에 〈소니센터〉에 오신 것을 환영합니다. 대
한민국 국민연금'이라는 안내판을 볼 수 있다.

　　이 광장의 한쪽 끝 부분에는 103미터 높이의 초고층 건물인 반
타워Bahn Tower가 있다. 이곳은 독일 철도회사인 도이체반의 건물이
다. 건설비용으로는 약 6억 유로가 사용됐다. 〈소니센터〉와 〈포츠담
광장〉은 도시 건축가 및 설계자들, 그리고 디자인에 관심 많은 이들
이 즐겨 방문한다. 물론 자전거 투어하는 이들의 사랑도 듬뿍 받는
베를린의 명소 중의 명소다.

통일수도의 얼굴을 디자인한

한스 슈팀만

통일은 어느 날 갑자기 이뤄졌다. 수도 베를린의 도시계획과 운영을 책임지던 한스 슈팀만Hans Stimman에게 닥친 화급한 임무는 베를린의 재정비, 특히 동베를린의 재건이었다. 그는 핵심을 '비판적 재건 Critical reconstruction'이라는 개념으로 설정하였다. 황폐해진 장벽주변과 동베를린 지역에 무턱대고 건물을 헐고 새 건물을 짓는 것이 아니라 과거의 전통을 최대한 살려가며 일관된 건축 문법 흐름으로 새로운 도시를 창조하자는 개념이었다.

"평면도와 거리, 그리고 광장은 도시의 기억입니다. 베를린에는 도시 설립시기 이외에 중세세대의 핵심도 있고 바로크시대의 자취도 있습니다. 때문에 단순한 재건이 중요한 게 아니라 역사적 구조를 재인식하고 도시 공간을 농축하는 것이 더 중요합니다. 전후의 근대적인 건물들은 근본적으로 보존되어야 하고 그것으로 역사도 입증되지요."

베를린 장벽이 붕괴된 이후 베를린 지방정부의 건축담당 책임자로 임명된 한스 슈팀만은 이 개념을 적극 수용하여 동독 지역과 장벽부근의 재건작업에 적용하였다. 비판적 재건의 대표적인 장소가 〈포츠담 광장〉이며, 브란덴부르크 문 옆의 유서 깊은 호텔 아들론, 유명 건축가 프랭크 게리가 지은 DG 은행건물, 그리고 프리드리히슈타트-파사젠Friedrichstadt-Passagen이란 쇼핑센터 등이 있다. 특

me, 베를린에서 나를 만났다

한스 슈팀만. 통일 수도의
'비판적 재건'을 주도하였다

히 구시가지 중심 건물들은 하나같이 외부의 파사드가 석조로 이뤄졌는데, 이는 19세기 베를린의 거리모습을 설계한 위대한 건축가 칼 프리드리히 쉰켈의 신고전주의 건축양식에 부응하고자 하는 조치였다.

실질적으로 큰 영향을 미쳤던 또 하나의 정책은 베를린 시내의 건축고도를 제한하는 것이었다. 베를린의 왕실 교회였던 베를린 돔의 실루엣을 방해하지 않는다는 옛 전통에 따라 건물 높이가 22미터를 넘지 않도록 제한 규정을 두었다. 6층에서 8층 정도의 높이다. 다만 공공성이 입증될 경우 예외는 두었다. 이에 따라 베를린 구시가지 안에는 고층건물들이 경쟁적으로 들어서는 현상을 막을 수 있었다.

"1991년 제가 처음 베를린 도시계획 담당 책임자로 임명되어 서랍을 열어보았어요. 그 서랍 속에는 옛 도시계획이 들어 있었는데, 그 계획이 250년 동안 작동하는 멋진 계획임을 알았습니다. 왜 우리에게 또 새로운 계획이 필요하지요?"

2006년 9월, 15년간의 임기를 마치고 퇴임하기 직전 「뉴욕타임스」와 가진 회견에서 한스 슈팀만이 한 말이다. 비판적 재건이란 2차 대전 이전의 전통적인 건축 양식을 최대한 살리자는 생각이다. 원래 있었던 바로크시기의 거리 계획을 복원하여 도시의 거리 라이프스타일을 보행자 중심으로 재창조하자는 아이디어다. 비판적 재건은 '새로운 단순성New Simplicity'이라 불리던 건축학 이론에서 나온 발상으로, 이는 비토리오 마냐고 람부냐니의 이론으로 독일의 건축가 한스 콜호프가 현실화시켰다.

me, 베를린에서 나를 만났다

그는 도시의 소중한 것을 살린 구세주라고 평가되는 반면 비판론자들은 베를린을 완전히 최첨단 도시로 바꿀 수 있는 절호의 기회를 놓쳤다고 호된 공격을 하였다. 그를 공격하는 유명 건축가로는 포츠담 광장에 그의 작품이 있는 네덜란드 건축가 렘 쿨하스Rem Koolhaas, 유대 박물관을 설계한 유대계 미국 건축가 다니엘 리베스킨트 등이 있다. 반면 그를 지지하는 건축가로는 이탈리아의 렌조 피아노와 독일의 크리스토프 콜베커 등이 있다.

여러 논란에도 불구하고 한스 슈팀만의 주도로 베를린은 난개발을 막을 수 있었다. 도시재생再生에도 성공하였다. 재생은 이 시대의 키워드다. 영어단어 'regeneration'이 그러하듯 힘을 잃고 죽어가던 것에 다시re 동력generate을 부여하는 행위를 가리켜 '재생'이라 말한다.

도시재생Urban Regeneration은 재개발사업Urban Renewal과는 차별화된 개념이다. 점차 슬럼화 되어가는 도시문제를 해결하기 위한 방안으로 기존 노후시설을 철거 후 깨끗한 이미지를 창출하는 방식이 후자인 도시재개발사업이다. 하지만 주로 경제논리에 의해 이뤄진 이 사업은 젠트리피케이션gentrification이라는 문제점을 야기했다. 원래 거주하던 저소득 주민과 영세사업자, 그리고 그곳을 매력적인 곳으로 만들어 놓은 주체인 예술가들이 높은 임대와 집값을 견디지 못하고 빠져나가고 대신 다른 곳에 있던 부유한 사람들이 들어오는 현상을 말한다.

런던, 도쿄, 뉴욕 등 개별 프로젝트로 더 유명한 곳은 물론 많다. 하지만 도시 전체에 거대한 재생 프로젝트가 진행되고 있는 곳은 베를린이 유일하다.

피카소의 친구
베르크그뤼엔 박물관

베를린에는 아담하지만 결코 놓쳐서는 안 될 고요한 성소^{聖所} 같은 박물관 한 곳이 있다. 서베를린 지역의 샤를로텐부르크 궁전 앞에 있는 〈베르크그뤼엔 박물관〉이 그곳인데, 2000년 개관하였다. 언론인, 그림 수집가, 화상^{畵商}, 그리고 피카소의 친구였던 하인츠 베르크그뤼엔의 이름을 기린 박물관이다.

흔히 피카소라고 하면 프랑스 파리와 그가 작가로 성장한 스페인의 바르셀로나, 좀 더 안다고 하면 피카소가 장년에 스튜디오를 갖고 있던 칸 옆 작은 도시 앙티브_{Antibes}를 연상한다. 이 세 곳 모두 피카소 박물관이 있어 그를 좋아하거나 연구하는 사람들의 필수적인 순례지이지만, 대부분 여기까지다. 하지만 피카소를 연구하거나 관심 있는 사람이라면 베를린에 있는 이 미술관을 절대로 빼놓아서는 안 된다. 피카소의 주옥같은 그림 120점이 전시 중이니까.

대형 박물관은 외형은 웅장할지 몰라도 건물 크기와 전시품목의 규모에 압도되어 제대로 작품을 소화하기 어렵다. 작품 감상에 집중력도 떨어진다. 박물관과 미술관이 작품을 죽이는 곳이라는 말은 그래서 나온다. 그에 비해 〈베르크그뤼엔 박물관〉은 크기가 위압

적이지 않아서 편하다. 박물관 바깥 조각이 있는 정원도 일품이다.
반나절 투자하기에 전혀 아깝지 않은 곳이다.

  그 옆으로 나란히 서 있는 '샤르프-게르스텐베르크 콜렉션' 건
물과 함께 지금은 박물관으로 쓰인다. 두 건물 모두 베를린의 내셔
널갤러리 소속의 박물관들이다. 박물관섬의 〈올드 내셔널갤러리〉를
건축한 프리드리히 아우구스트 스틸러가 디자인하였다. 원래 프로
이센시대의 장교들을 위한 시설로 지어졌다고 하는 건물 그 자체를
즐기는 것도 나쁘지 않다. 베를린에서 내셔널갤러리 소속 미술관들
로는 이 두 개의 박물관 이외에 〈올드 내셔널갤러리〉, 〈 뉴 내셔널갤
러리〉, 기차역을 개조한 현대미술관 〈함부르크 반호프 〉, 그리고 〈프
리드리히스베르더 교회〉가 있다.

박물관 바깥에는 '베티나
베르크그륀 가든'이 있
어 감상 후 쉬기에 편하다

'철사 같이 가늘고 우뚝 선 인물상을 만든 조각가.'

문을 열고 들어가자 박물관 입구 정면에는 어느 미술 평론가의
말처럼 알베르토 자코메티의 철사같이 가는 인물상이 우뚝 서 있다.
165점에 이르는 이 박물관의 귀중한 소장품 가운데 하나다. 대부분
마른 형체에 주목하지만 사실 자코메티는 그림이건 조각이건 눈부
터 시작했다고 한다. 모델의 시선이 가장 중요했기 때문이란다. 눈
과 시선은 예술가의 핵심이다. 그것은 작가나 언론인에게도 마찬가
지일 거다. 이곳에는 자코메티 이외에 피카소, 마티스, 파울 클레, 고
흐, 세잔 등의 작품들이 있다.

작품이야 말할 것 없겠지만, 이 작품들을 수집한 주인공의 인생

발자취가 관심거리다. 하인츠 베르크그뤼엔은 빅 누드로 유명한 사진가 헬무트 뉴튼처럼 베를린에서 태어나 나치의 집권 이후 해외로 망명, 종전 후 다시 돌아온 유대인이다. 그는 1914년 1월 6일 베를린 빌머스도르프에서 문구류 사업을 하고 있던 유대인 부모에게서 태어났다. 어학에 천부적 재능이 있고 글 솜씨가 있어 일찍이 프랑스 그레노블과 툴루즈로 떠나 1935년 「유대인 주간지」와 「프랑크푸르트 신문」에 글을 쓰는 저널리스트가 된다. 하지만 나치가 집권하자 독일을 떠나 미국으로 갔는데, 버클리 대학에서 공부를 하며 신문사의 프리랜서 기자로 문화기사를 썼다. 그러다가 취직한 곳이 〈샌프란시스코 미술관〉이다. 시간이 흘러 샌프란시스코에서 뉴욕 여행을 하던 도중 처음으로 그림을 구입하게 되는데 그것이 파울 클레의 수채화 작품이었다.

1944년 미군 군인의 자격으로 독일로 돌아온 그는 나치 패망 후 뮌헨에서 「호이테Heute」라는 이름의 문화잡지를 잠시 발간하기도 하였다. 그리고 파리로 이주하여 유네스코에 일을 하면서 1947년 자신의 갤러리를 오픈하게 되는데, 저명한 화상畵商으로서 명성이 시작되는 때다. 그의 성공은 일찍이 현대화가들의 작품경향에 눈을 뜬 그의 뛰어난 안목에도 있었지만 피카소와의 교분이 결정적이었다. 피카소의 진가를 일찍부터 알아본 사람 중의 한 명이었다. 피카소와는 친구처럼 지냈기에 좋은 그림을 가격이 오르기 전 일찍 수집할 수 있었고, 덕분에 젊었을 때부터 만년의 작품까지 다양한 피카소의 작업을 이 박물관에서 눈으로 확인할 수 있다.

30여 년 동안 열심히 갤러리에서 화가와 수집가를 연결하는 사업을 하던 그는 1980년 이 사업에서 손을 떼고 수집가로 변신한다.

박물관에 들어서면 가장
먼저 반기는 것은 알베르
트 자코메티의 인물상

me, 베를린에서 나를 만났다

그리고 자신이 수집했던 작품들을 런던의 〈내셔널갤러리〉에서 대중들에게 최초로 공개하여 화제를 모으기에 이르렀다. 전시회 이후 그는 자신이 태어난 곳으로 다시 돌아가야겠다고 결심한다. 수구초심首丘初心, 여우는 죽을 때 자기가 태어난 구릉을 향해 머리를 둔다는 말처럼, 죽기 전에 그림들과 함께 고향 땅으로 돌아가길 원했다. 때마침 독일은 통일은 되었고, 두 번째 부인이 독일인이었던 것도 작용했던 것 같다.

1996년, 〈피카소와 그의 시대〉라는 이름의 상설전시가 열리게된다. 원래 10년 임대였지만 베를린 문화재 담당기관인 프로이센 문화보존재단the Stiftung Preussischer Kulturbesitz은 오랜 협상 끝에 그의 작품들을 사들이는 데 합의하였고, 2000년 12월 20일 현재의 모습으로 박물관을 다시 열기에 이르렀다. 하인츠 베르크그뤼엔은 2007년 파리에서 영면하였지만 그의 유해는 고향 베를린으로 옮겨와 달렘의 묘지에 안장되었다.

피카소 이야기

베르크그뤼엔의 친구 피카소는 92세란 나이로 숨질 때까지 오래 활동하였고 대담한 창의력에 다양한 실험을 한 작가다. 젊었을 때 작품에서부터 큐비즘에 이르기까지 시기별로 바뀌는 피카소의 화풍과 색의 변화를 이 박물관에서 눈으로 확인할 수 있다.

"그림은 진실을 말하는 거짓이다."

피카소는 말의 천재였다. 생전에 스스로를 가리켜 '길을 잘못 든 시인'이라고 고백한 적이 있었던 것처럼, 표현에 탁월하였다. 단순히 말장난을 잘한다는 의미가 아니라 대담하고 색다른 방식으로 생각하고 표현할 줄 알았다. 그러기에 그는 펜이 아닌 붓으로 시를 썼다. 다른 사람이 일기를 쓰듯 그림을 그렸다.

"나에게 있어 그림 하나하나는 연구다. 나는 자서전을 쓰듯이 그림을 그린다. 그림에 있어 진보란 말은 없다. 있다면 변화가 있을 뿐이다. 화가가 일정한 틀에 구애됨은 바로 죽음을 의미한다. 일정한 틀의 파괴 이것이야말로 오늘날의 화가가 할 일이다. 나는 모든 것을 말로 하지 않고 그림으로 나타낸다."

진정한 시인이란 자기만의 목소리, 자기만의 언어를 들려줄 줄 아는 자다. 마찬가지로 예술가는 자기만의 색채와 화풍으로 솔직하게 그려야 한다. 피카소는 명성이 들면 생기게 마련인 석고처럼 단단한 형체를 오히려 파괴하고자 했다. 미술계에 구전되어 오는 공인되어오는 진실은 이 한 문장이다.

"모든 예술은 현대적이었다All art has been contemporary."

피카소의 그림이 나왔을 때 혁신적인 현대미술이라 했지만, 피카소가 세상을 뜬 지 이미 오래다. 그림감상은, 특히 현대미술은 인내와의 싸움이다. 긴 줄을 참아내는 인내, 체력, 지식, 그리고 감성과의 싸움이다. 육체적 배고픔도 참아야 하고 정신적 허기도 이겨내야

피카소의 작품 앞에서의 현
장학습. 상상력을 자극하는
예술교육은 여기서 이뤄진다

한다. 그럼에도 그곳에서 읽어내려는 것은 '눈'이다. 나와 다른 눈,
다른 표현이다.

"어휴, 또 박물관이에요? 지겨워요!"

미술관이나 박물관에 가자고 하면 이렇게 말하는 아이들이 적
지 않다. 왜 그럴까? 억지로 가르치려들기 때문이다. 현대의 박물관
과 미술관은 국민을 계몽하던 시대와는 달라야 한다. 물론 충분한
정보를 제공해야 하지만 일방적으로 가르치고 강요하면 흥미는 달
아난다. 수많은 유물과 작품을 나열하고 설명하면 머리에 남는 것이
하나도 없다. 그저 지칠 뿐이다.

"나에게 있어 그림 하나하나는 연구다. 나는 자서전을 쓰듯이 그림을 그린다" – 피카소, 피카소의 생애와 그림들을 전시해놓았다

이 시대 박물관은 관람객들에게 말을 걸고, 미술관은 질문을 던져야 한다. 그런 점에서 〈베르크그뤼엔 박물관〉에서 만난 선생님과 아이들의 모습은 인상적이었다. 한 무리의 어린아이들을 이끌고 있는 교사는 아이들에게 상상력의 옆구리를 쿡쿡 찔러주고 있었다.

"피카소는 무엇을 그렸을까? 왜 그렸을까? 너희들이라면 어떻게 그렸을까? 무슨 색으로 칠하고 싶니?"

개구쟁이 같았던 아이들은 엎드려서 저마다 자기의 색으로 그리기 시작하였다. 호기심을 자극하는 것만큼 창의력에 좋은 공부는 없다. 미술관과 박물관은 열려 있어야 한다. 생각도 열고 기획도 열려야 한다. 그렇지 않다면 박물관은 단지 부서진 돌덩어리들만 모여 있는 죽어 있는 공간, 미술관은 황당한 놀이터일 따름이다. 차가운 돌덩어리와 철제작품에 혼을 불어넣는 것은 스토리의 힘이다. 피카소의 일생을 다룬 영화 「황소와 비둘기」에서 주연을 맡았던 영화배우 앤터니 퀸의 목소리로 이렇게 말했던가.

"늙는다는 것은 나이를 먹는 것이 아니라 야망을 잃는 것이다."

나이를 먹는다는 것은 결코 즐겁지 않지만, 나이가 들면서 아름다움, 미美에 눈을 뜨기 시작한다는 것은 즐거운 일이다. 젊었을 때는 순간적인, 그리고 즉물적인 아름다움에 현혹되었다면, 이제는 보이지 않는 것의 아름다움에 주목하는 편이다.

다시는 식지 않을 것처럼 뜨거운 날들이었지만, 어김없이 낙엽지는 가을이 오고 강풍이 부는 겨울도 다가온다. 인생도 그러하다. 열정의 뜨거움을 가라앉히고 마음의 평정상태에서 느끼는 아름다움에서는 색다른 맛이 있다. 작품 감상 뒤 잊지 말고 베티나 베르크 그뤼엔 가든이라 명명된 박물관 뒤 정원을 거닐어보자.

자전거와
자유의 정신

베를린은 거대한 도시다. 서울의 면적이 605.21제곱킬로미터인데 비해 베를린은 891.85제곱킬로미터나 된다. 프랑스의 수도인 파리보다 무려 9배나 크다. 동서 베를린이 합해지면서 더 넓어졌다. 하지만 황금의 1920년대에 이 도시는 이미 런던 다음으로 유럽에서 큰 도시로 성장하였고 세계에서는 네 번째로 큰 산업 도시였다. 당시에도 인구 380만 명으로 400만 명에 육박하였다. 현재 베를린의 인구가 350만 명 정도 되니, 100년 전에 이미 현재보다 더 큰 메트로폴리탄이었다.

이처럼 넓은 베를린은 'B & B'에 친화적인 도시다. 'Bed and Breakfast'가 아닌 'Berlin on Bike', 즉 자전거로 둘러보기에 좋은 도시라는 뜻이다. 가이드 투어 혹은 자전거 렌탈 서비스가 매우 발달되어 있다. 천천히 한 도시를 둘러보는 데 자전거처럼 유용한 수단도 드물다. 자전거는 돈도 적게 든다. 기차역이나 주요 관광지마다 자전거 렌트를 해준다는 안내판이 넘치니 공연히 주눅 들거나 걱정할 필요도 없다. 그냥 빌려서 타기만 하면 된다.

이 도시의 자전거 여행은 크게 세 가지 유형으로 나뉜다. 자전거

1인용, 커플용, 단체용 등 인원과
목적에 따라 다양한 자전거 투어가 있다

를 빌려 홀로 다니는 여행, 자전거와 대중교통을 연계한 '바이크 앤
라이드', 혹은 자전거 1일 투어에 참가해도 좋다. 모든 연령대, 신체
조건을 감안해 평균 17킬로 속도로 달린다는 가이드가 달린 자전거
투어 안내도 어렵지 않게 볼 수 있다.

　인구 100만 명 이상의 대도시에 베를린만큼 자전거 친화적인
도시도 드물다. 350만 명의 시민들이 사는 베를린에 등록된 자전거
는 135만대, 1천 명당 377대꼴이다. 현재 13퍼센트 정도인 자전거
교통 분담 수치를 2025년까지 18퍼센트까지 끌어올리겠다는 베를
린시의 목표처럼 자전거는 필수품이다. 신호등에도 자전거 신호까
지 마련되어 있다. 서울과 달리 산악지역도 없는 평지인데다 지하
철, 교외전철, 트램까지 자전거를 신고 탑승할 수 있으니 도시 관광

위 | 베를린은 자전거로 여행하기에 적
합한 대중교통 시스템을 갖추고 있다
아래 | 지하철은 개찰구가 없는 자율시
스템으로 신뢰자본을 엿볼 수 있다

me, 베를린에서 나를 만났다

을 하기에 최적의 수단이다.

자전거 타기는 강연과 글을 써서 생활하는 '글로 생활자'의 모습과도 같다. 쉼 없이 페달을 돌려야 한다. 그렇지 않으면 기우뚱거리고 넘어지니 균형이 중요하다. 안정된 속도와 균형감각은 언제나 요구된다. 매사 그 균형과 속도가 요구되는 것은 마찬가지다. 중앙 정부와 지역정부, 대기업과 중소기업, 제조업과 서비스업, 수출과 내수 사이의 균형이 이뤄져야 한다.

우리의 삶도 그러하다. 밸런스라는 이름의 균형을 맞출 줄 알아야 멋진 인생이다. 그것이 지나치게 한쪽으로 치우쳐 있을 경우 비틀 비틀거리다 급기야는 쓰러지기 마련이다. '재균형rebalancing'에 대한 관심이 가는 이유다. 성공과 삶의 질, 프로의식과 자유, 거품과 검

소함, 실용과 라이프스타일 사이에서의 균형을 다시 잡는 작업이다. 노화를 방지하는 안티 에이징anti-aging에 최고의 약도 역시 균형이다. 뭐든 넘치면 쉽게 노화된다. 권력, 금력, 명예욕, 성취욕, 약간 모자란 듯, 아쉬운 듯 사는 사람이 결국 건강하고 장수한다는 것은 노인학자들의 대체적인 견해다. 결국 조화로운 삶의 중요성이다. 낭만주의 시인 노발리스가 말했다.

"인간이란 다채로우면 그럴수록 더 좋은 것이다."

"Der Mensch je bunter, desto besser."

베를린은 대중교통마다 색들이 다채롭다. 자전거의 도시이면서

대중교통은 친화적이며
공유 자동차 시스템도 활발하다

동시에 BMW의 도시가 바로 베를린이다. 요즘 BMW란 독일의 자동차 이름이면서 동시에 버스Bus, 지하철Metro, 걷기Walk라는 대중교통 이용하는 것을 의미한다. 베를린은 버스, 지하철, 급행전철, 전차에 이르기까지 모든 것을 통합 운행하고 있어, 탑승권 한 장이면 된다. 1일 권, 3일 권, 일주일 권, 한 달 권, 비용이라는 측면에서 대단히 매력적이고 또 편리하다.

베를린의 지하철은 개찰구가 없다. 스스로 양심껏 표를 구입하게 하는 철저한 자율시스템이다. 덕분에 대도시임에도 불구하고 개찰구마다 승객들의 흐름에 막힘이 없다. 더 중요한 것은 신뢰자본이다. 사회가 개인을 믿고 맡기는 시스템이다. 물론 최근에는 가난한 나라에서 온 외국인들 가운데 승차권 없이 탔다가 불시단속에 적발

　　　　　　　　　　　　　　　　me, 베를린에서 나를 만났다

되는 경우 종종 발견되고, 그 사회비용도 무시할 수 없지만, 그럼에도 불구하고 그들은 자율을 키우는 데 더 비중을 두고 있다.

지하철이 멈춰 섰을 때 숨소리조차 멈춘 듯 일순 적막감에 휩싸이는 고요를 느껴보라. 그것이 베를린적인 침묵의 소리다. 다른 이에게 폐를 끼치지 않겠다는 암묵적 동의다. 베를린은 지독하게 개인주의적인 곳이다. 이 도시가 표방하는 슬로건 또한 '자유의 수도'다. 그러면 자유란 뭘까. 베를린 시장을 거쳐 서독총리에 올라 노벨 평화상을 수상한 빌리 브란트는 이렇게 말했다.

"자유란 남의 자유를 침해하지 않는 것이다."

자유란 자기 정체성을 잃은 게 아니다. 그렇듯이 남의 정체성도 침범하지 않는 것이다. 결국 도시의 조화로운 삶의 조건은 자유가 있어야 하고, 그에 앞서 신뢰자본이 밑바탕에 깔려 있을 때 가능한 듯싶다. 그것이 이 도시가 말하는 섹시한 정신 아닐까.

Chapter 4

베를린, 스토리 도시

유대인 박물관,
혹은 침묵의 힘

유대인을 말하지 않고 베를린을 말할 수 없다. 유대인과 베를린이라는 불행한 만남은 세계사에 씻을 수 없는 오점을 남겼지만, 역설적으로 그들의 만남은 위대한 디자인과 건축작품을 남겼고, 파괴된 자리에 완전히 새로운 공간을 다시 창조해냈다.

베를린의 〈유대인 박물관Jewish Museum〉은 2001년 9월 11일 개관한 이래 일약 유럽의 주요 박물관의 위치로 올라섰다. 대부분의 베를린 안내 서적에서는 반드시 방문을 권하는 장소로 이 박물관을 손꼽을 정도다.

"거기 뻔하지 않겠어요? 나치가 유대인 학살했고 유대인들이 피해자라는 것일 텐데, 또 무엇 하러 가야 하나요?"

이 박물관 방문을 권하자 서울에서 온 사람의 반응이었다. 문화계에서 제법 알려진 사람조차 그렇게 말했다. 물론 이 박물관이 유대인의 역사와 피해를 다룬 것은 맞다. 하지만 다른 관점에서 바라볼 필요가 있다. 콘셉트나 디자인이 일반 박물관들과 매우 다르고

다니엘 리베스킨트의 〈유대
인 박물관〉. 2001년 개관 이
후 베를린의 명소가 되었다

공간을 대하는 접근 방식 자체가 혁신적이기 때문이다. 공공건물의
기획과 철학, 건축방식, 오브제, 공간이 주는 탁월한 힘, 더 나아가
공간창조는 어떻게 해내야 하는지 느끼는 바가 많을 테니까. 다른
건축가들이 박물관을 무엇인가 채워 놓는 공간으로 인식했다면 이
박물관을 설계한 건축가는 거꾸로 비워놓음의 힘을 보여주고 있다.

베를린에는 원래 유대인 박물관이 있었다. 최초의 유대인 박물
관은 1933년 유대교 성전 시너고그가 있는 오라니엔부르그 거리에
설립되었지만 1938년 나치의 게슈타포에 의해 폐쇄됐다. 제2차 세
계대전 이후 서베를린 시의회는 박물관 건물을 새로 짓기로 하고 논
의를 했으나 그 결정이 이뤄지기까지 20여 년의 세월이 흘렀다. 새
로운 〈유대 박물관〉은 바로크스타일로 지어진 이전의 법원건물과

그 옆 공간으로 정해졌다. 과거 그 건물에 유대인 담당 부서가 있었다. 베를린 장벽 붕괴 1년 전으로, 당시에는 장벽 바로 옆 크로이츠베르크 지역에 위치해 있었다.

새 유대인 박물관의 디자인 공모전에는 명성이 자자한 세계적인 건축가 165점의 출품되었는데, 발표된 결과는 놀랍게도 당시 42살 건축가의 설계작품이었다. 놀라운 것은 나이뿐만이 아니었다. 설계 콘셉트까지 모든 것이 파격적이었다. 그는 베를린에 세워진 최초의 미국 건축가 겸 도시계획자라는 기록도 세웠다. 훨씬 더 이름 있는 건축가들을 제치고 왜 그의 작품을 채택하였을까?

이 박물관의 백미는 다니엘 리베스킨트가 디자인한 박물관의 콘셉트이다. 그는 다소 파격적인 지그재그 형태로 이 박물관을 디자인했다. 아연/함석 패널로 만든 그 지그재그의 형태는 다윗의 별을 창의적으로 상징하고 있다. 상공에서 바라보면 마치 번개 치는 모습이다. 리베스킨트에 따르면 〈베를린 유대 박물관〉은 건축미학적으로 접근되지 않았다. 그는 일상적인 건축에서 벗어나 4차원적 정신구조를 고려하였다.

'A museum you need to experience'
'체험이 필요한 박물관'

이 박물관이 내건 콘셉트이다. 〈베를린 유대 박물관〉은 전통적인 박물적인 관심도 중요하지만 그보다 교육학적 목적을 중요하게 여겼다. 박물관이 중요한 역사적 학습장소로 이용되고 경험되기를 원했다. 따라서 전시장의 스토리텔링은 베를린으로 제한하지 않고

상설전시관에는 독일과 유
대인의 2천 년 역사를 체
험적으로 설명하고 있다

유럽 전체로 확대되고 있다.

> "이 박물관은 전후 독일의 역사에서 처음으로 독일 내의 유대인
> 역사, 홀로코스트가 끼친 영향, 정신적 추방을 주제로 삼고 통합
> 하고자 하였다. 또한 벽에 걸린 전시품들이 있는 박물관이기도
> 하다."

리베스킨트의 말이다. 상설전시관에는 독일인과 유대인의 2천
년 역사를, 유대인이 본격 이주해온 중세시대부터 현대에 이르기까
지 14단계로 나눠 설명하고 있다. 정기적으로 교체되는 특별 전시회
도 볼만하다. 바로크형식의 옛 법원건물로 들어오면 그곳이 입구다.

입장권을 구입한 뒤, 지하로 내려가는 것부터 색다르다. 이제부터 본격적으로 건축가 리베스킨트의 세계로 들어오게 되는데, 이 뮤지엄에 대한 약도와 건축에 대한 설명이, 레터링이라 하는 벽면에 짧은 글씨로 설명되어 있다.

'Between the Line', 행간^{行間}을 읽자는 개념이 이 건물에 대한 그의 건축철학이다. 건축에서 말하는 경계, 빛, 각도, 빈 공간들을 통해 그는 관람자에게 계속 이야기를 던지고 있다. 먼저 눈에 뜨이는 것은 2.5미터 높이의 홀로코스트 탑^{Holocaust-Turm}이다. 매우 어둡고 차가운 공간으로 천장의 작은 틈을 통해 자연광이 들어올 뿐이다. 홀로코스트 탑이 갇힘의 경험을 주었다면 이 탈주의 공간에서는 탑에서 나온 유대인들의 감정을 전달한다. 동서의 축으로 나눠지는 공간의 레이아웃이 특이한데, 오직 관람객들이 지나는 복도로만 연결된다.

이 박물관의 탁월함은 '더 보이드^{the void}'라 표현되는 '빈 공간' 개념이다. 특정한 전시품을 담을 수도 없고, 볼 수도 없지만 느낄 수는 있는 이 공간은 각각 '망명'과 '이민의 정원', 그리고 '홀로코스트 빈 공간^{the Holocaust Void}'이라 명명되었다. 빈 공간은 베를린을 떠난 유대인 시민들이 그곳에 지금 없다는 부재^{不在}를 상징한다.

여기서 절대로 놓쳐서는 안 되는 곳이 있다. '빈 기억^{Memory Void}'라는 텅 빈 공간과 그곳에 있는 「낙엽^{Shalekhet}」이라는 설치작품이다. '빈 기억' 공간을 채운 이스라엘 예술가 메나쉐 카디슈맨^{Menashe Kadishman}의 작품 「낙엽」은 설치작품이기 때문에 그 위로 올라 다녀도 되는데, 걸을 때마다 빈 공간을 채우는 소리가 애잔하게 메아리친다. 1만 개의 무거운 철근들은 사라진 얼굴, 그러나 기억해야 하는 얼굴들이다. 멀리서 그들의 목소리처럼 들린다. 그가 강조하는 'Between the line', 이처럼 빈 공간을 배치하여 행간을 읽도록 하는 설계는 탁월함을 넘어 정말 놀라운 발상이 아닐 수 없다.

문화인류학자 에드워드 홀은 공간을 '침묵의 언어the silent language'라고 표현하였다. 직접 들리지는 않지만 항상 말을 하고 있다는 점에서 그렇다. 다니엘 리베스킨트의 '빈 기억'에 서면, 공간이 침묵의 언어를 통해 어떻게 인간들에게 말을 걸고 소통을 하고 있는지 체험하게 된다. 독일철학자 오토 프리드리히 볼노가 말하는 '체험공간erlebter Raum'의 느낌도 다가온다. 때로는 말보다 침묵의 언어가 더 위대한 법이다.

다니엘 리베스킨트는 수용소에서 살아남은 유대인의 아들로 1946년 지금은 폴란드의 영토인 로츠에서 태어났다. 베를린에서 불과 100여 킬로미터 정도밖에 떨어지지 않은 곳이다. 그의 가족들은 이스라엘로 이민을 갔다가 1960년 미국에서 정착해 시민권을 얻었다. 그는 이스라엘과 미국에서 음악을 전공하다가 나중에 건축으로 전공을 바꾼 특이한 이력을 가졌다. 이미 미시건주 블룸스필드에 있는 크랜브룩 예술대학에서 학장으로 재직하는 동안 건축이론가로서 이름을 알리고 있었다. 하지만 그가 세계적 명성을 얻게 된 계기는 베를린의 〈유대인 박물관〉이었다. 불과 40대 초의 나이에 일약 세계적인 건축가 반열에 오른 것이다.

여행자들이 이 박물관에 입장할 때 거쳐온 바로크식 옛 건물 안쪽의 마당은 위에서 자연 채광이 들어오는 멋진 정원 겸 카페테리아로 개조되었다. 그가 히브리어로 '수카Sukkah'라는 이름을 붙였는데, 작은 공간이라는 뜻으로 역시 그가 디자인했다. 유대인의 조리방식

〈유대인 박물관〉은 계단
을 통해 서로 다른 공간과
시간대를 연결하여 준다

me, 베를린에서 나를 만났다

'빈 공간the void'이라 명명된 공
간에 설치된 이스라엘 작가의
작품, 「낙엽」. 이 도시에서 사라
진 얼굴들을 상징하고 있다

바로크스타일로 지어진 옛 법원건
물인 〈유대인 박물관〉 입구. 지하
를 통해 우측 리베스킨트가 설계한
지그재그 형태의 건물과 만난다

인 코셔 방식으로 요리한 음식과 음료를 팔며 관람에 지친 관람객들이 휴식을 취하기에 훌륭한 공간이다. 리베스킨트는 2012년에는 박물관 건너편 화훼 도매시장 자리를 미하엘 블루멘탈 아카데미의 건물까지 디자인해 박물관의 3종 세트를 모두 완성했다. 아카데미는 〈유대 박물관〉의 문서보관소, 도서관 교육 시설을 담당한다.

리베스킨트는 이 박물관 프로젝트를 위해 가족과 함께 베를린으로 이사와 13년간 살았고, 이 건물 설계로 1999년 독일건축대상을 받았다. 그리고 911테러로 무너진 월드 트레이드 센터의 그라운드 제로 신축 공모전에 당선되어 2003년 뉴욕으로 다시 돌아갔다.

박물관이라고 하면 많은 사람들이 지나치게 주제에 함몰된다. 그러다 보니 디자인과 공간 개념은 희석된다. 리베스킨트가 유대박물관을 미학적 관점으로 접근하지 않았다고 하지만, 그의 미학적 상징주의aesthetic symbolism에 감탄할 뿐이다. 공간은 그 자체로 예술적이며 철학적이다.

Jewish Museum Berlin
Lindenstraße 9-14,
10969 Berlin

me, 베를린에서 나를 만났다

아인슈타인도 참석했던
뉴 시너고그

이름 때문일까? 유대민족의 유대감은 타의 추종을 불허한다. 미테 지역, 오라니엔부르그 거리 역에서 내리면 황금색 둥근 돔 지붕으로 빛나는 시너고그가 위풍당당하게 서 있다. 24시간 경찰의 보호를 받고 있는 이곳이 〈유대인 센터Centrum Judaicum〉로 베를린 유대인들의 유대감을 확인하게 되는 정신적 구심점이다.

시너고그는 회합이나 회당을 의미하는 그리스어에서 나온 것으로, 히브리어로는 '베트 크네세트Bet Knesset'라 부른다. 1859년에 공사가 시작되어 1866년에 완공된 건물이다. 정식 명칭은 〈뉴 시너고그New Synagogue〉이다. 프로이센의 건축가 에두아르드 크놉라우흐가 건물의 설계를 담당하였고, 완공되기 이전 그가 사망하자 뒤를 이어 당대의 유명한 건축가 프리드리히 아우구스트 스튈러가 후속 작업과 실내 인테리어, 디자인을 담당해 완성하였다. 이 시너고그 건물 전면은 벽돌과 적갈색 점토를 유약을 바르지 않고 구운 테라코타와, 여기에 채색된 오지벽돌로 색감을 주고 있는데, 어딘가 아랍풍 혹은 지중해의 냄새가 풍긴다. 스페인 그라나다에 있는 알함브라 궁전의 모티브를 받아 아프리카 북부의 무어족과 오리엔탈풍으로 지었다고 한다. 회당을 오픈하던 날에는 철혈재상으로 유명한 오토 폰 비스마르크가 참석했을 정도로 비중 있는 행사였다. 당시 베를린에서 유대인들의 영향력은 그토록 막강했다.

이 건물은 베를린으로 몰려들던 유대인, 특히 동유럽에서 건너온 유대인을 위해 새롭게 지어진 회당이다. 3,200명을 수용해 당시 독일 내에서 가장 큰 시너고그였으며 종교적 행사 이외에도 가끔 음악 콘서트도 열렸다. 1930년에는 알버트 아인슈타인이 참석한 가운데 바이올린 콘서트가 열리기도 했다. 회당 안에는 오르간과 합창단도 있어 보수적 시너고그와 달리 상대적으로 리버럴한 분위기를 반영하던 곳이다.

1925년 베를린과 그 주변에는 17만 2,672명의 유대인이 시민으로 등록되어 있었다. 베를린 전체 인구의 4.3퍼센트에 해당되는 비율이었다. 유대인이 독일 전체 인구의 1퍼센트 미만이었던 것에 비하면 베를린의 유대인 거주 비율이 압도적으로 높았음을 알 수 있다. 당시 베를린은 오스트리아의 수도 빈과 더불어 유럽 유대인의 양축이었다.

하지만 이 모든 것은 히틀러와 나치의 집권과 함께 끝났다. 그이후 연합군의 폭격으로 건물은 심각하게 파괴되어 앙상한 잔해만남아 있었다. 이 지역은 과거 동베를린에 속해 있어 남아 있는 유대인의 숫자는 미미하였고 힘도 없었다. 동독정권은 단지 건물 정면인파사드만 유지토록 하였고 중앙 홀은 1958년 철거하였다. 거의 흉물에 가까운 모습으로 방치되다시피 서 있다가 서독정부의 재정지원으로 1988년부터 재건되기 시작했다. 통일 직후인 1991년에 화려한지붕의 황금빛 돔이 다시 세워졌다. 일반인들의 입장도 다시 허용되

me, 베를린에서 나를 만났다

5. September 1866 ✡ 5. September 1966

Diese Synagoge ist 100 Jahre alt
und wurde am 9. November 1938
IN DER KRISTALLNACHT
von den Nazis in Brand gesteckt

Während des II. Weltkrieges 1939-1945
wurde sie im Jahre 1943
durch Bombenangriff zerstört

Die Vorderfront dieses Gotteshauses
soll für alle Zeiten eine Stätte
der Mahnung und Erinnerung bleiben

VERGESST ES NIE

Jüdische Gemeinde von Groß-Berlin
Der Vorstand

September 1966

〈뉴 시너고그〉 입구에 새겨진 '절대
로 잊지 말자'는 기념팻말. 1938년
11월 9일 나치에 의해 방화된 뒤 어
떤 변화를 거쳤는지 설명되어 있다

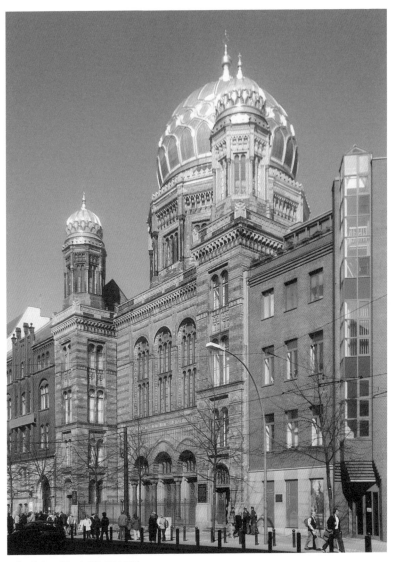

〈뉴 시너고그〉는 스페인 남부 무어
족 스타일에 모티브를 받아 건축되
었으며, 1866년 오픈행사에는 비스
마르크 등 유력자가 참석하였다. 아
인슈타인이 콘서트를 관람한 장소다

〈시너고그〉 안에서 발굴된
토라와 두루마리 경전들도 전시 중이다

었다. 1995년 유대교 중앙기구 the Centrum Judaicum foundation 도 〈시너고
그〉 안으로 들어와 있다.

　〈시너고그〉 입장은 유료다. 전시회와 아울러 〈시너고그〉 주변
의 유대관련 시설을 돌아보는 '오픈 예 게이트 Open Ye Gates'라는 이
름의 가이드 투어도 있는데, 베를린에서 꽃피웠던 유대인들의 일상
생활과 종교생활과 관련한 전시를 보면서 당시의 삶을 상상할 수 있
다. 1989년 발굴과정에서 발견된 토라 Torah 율법서 와 두루마리 경전들
도 전시 중이다. 〈시너고그〉 후면 마당에는 전쟁으로 파괴되어버린
흔적들을 그대로 옥외에 전시하고 있다.

　그러면 베를린과 유대인의 만남은 언제 누구에 의해서 시작되
었을까? 이미 1천 년 전부터 독일의 다른 지역에서는 유대인들이 들

어와 살았던 흔적이 있지만 베를린은 상대적으로 유대인의 이주가 늦었다. 베를린이 소속된 브란덴부르크 지역에서 최초로 유대인이 기록으로 언급된 것은 10세기였다. 유대인에 대한 신분이나 직업의 차별이 엄격하여 수공업자나 직업별 장인 조합의 가입이 허용되지 않았다. 직조 길드 조합들은 유대인에게서 실이나 방적 구입을 금지할 정도였다.

1510년에는 51명의 유대인 체포, 38명 유죄판결 공개 화형집행, 두 명이 참수형에 처해질 정도로 유대인에 대한 차별과 탄압은 심했다. 나치시절보다 훨씬 이전부터 근대 이전 대부분의 유럽 국가들에서는 그러한 일이 벌어졌다. 중세와 근세 유럽에 이르기까지 유대인은 게토에 고립되어 살았다. 사회의 최하위 계층에 속했다. 세계사적으로 유대인의 파워가 본격적으로 꽃피기 시작한 것은 유대인들이 독일 땅에 와서 독일어를 만나고 독일의 합리주의와 결합하면서부터였다.

유대인이 독일의 궁중관리로 처음 임용된 사람은 1665년 이스라엘 아론이었다. 그는 궁중에서 국가 프로젝트의 예산모금 담당에 임명되어 정식으로 베를린 거주가 허용된 최초의 유대인으로 기록된다. 이스라엘 아론을 발탁한 사람은 역사책에서 '위대한 선제후'라는 별명으로 부르는 프리드리히 빌헬름이다. 아직 프로이센 왕국이 되기 이전의 단계라 브란덴부르크 선제후였다. 지금 샤를로텐부르크 궁전 정면에 말을 타고 우뚝 서 있는 인물이다.

당시 베를린과 주변의 국토는 30년 전쟁의 여파로 황폐해져 있었다. 프리드리히 빌헬름은 인구증가와 기술도입 목적으로 1671년에 외국인과 종교적인 이유로 탄압받는 사람들에게 이민의 문호를

유대인 묘지 앞의 다비드 별. 유대인의 상징이
다. 베를린과 유대인의 만남은 10세기부터 시
작되어 1665년에 처음 정식거주가 허용되었다

유대인 개혁사상가 모제스 멘델스
존의 묘소가 있는 유대인 묘지 입구

활짝 연다는 칙령을 발표하였다. 그때 베를린에 들어온 두 개의 주역이 있는데, 하나가 프랑스의 개신교도인 위그노이고, 또 다른 한 축이 유대인들이었다. 여기에 네덜란드에서 건너온 수공업자들도 가세하였다. 변방의 이름 없는 도시 베를린의 기초는 바로 이때부터 다져지기 시작하였다. 외국인과 다른 사상을 가진 사람들을 과감하게 포용하고 신기술을 수용하였다. 베를린과 독일의 근대화에 결정적인 역할을 하였다.

아무튼 비엔나에서 추방된 50명의 유대인이 보호비를 낸다는 조건으로 베를린에 정착이 허용되었다. 영주권이 아니라 20년간이라는 시한적 허용이었다. 유대인 성전 건립은 아직 허가되지 않았고 다만 개인적으로 유대교 의식을 치르는 것은 용인되었다. 그러다가 베를린에 최초의 시너고그가 세워지고 유대인의 영주가 허용된 것은 1714년이었다.

그 이후 계몽주의 사상가인 모제스 멘델스존이 14살의 나이에 무일푼으로 333가족, 1,945명의 유대인들과 함께 베를린에 도착한 것은 1743년이었다. 그는 베를린에 유대인 자유 학교를 세우는 등 베를린 유대사회와 근대유럽의 계몽주의운동에 빠질 수 없는 역할을 한 유대계 지식인이다.

베를린에서 유대인들에게 다른 독일인들과 동등한 시민권이 부여된 것은 1812년 3월 12일, '해방칙령' 덕분이다. 프로이센에 거주하는 모든 유대인들에게 동등한 시민권이 부여되어 상업자유와 본인이 원하는 곳에 거주할 수 있는 자유가 인정되었다. 학문 경력과 공직을 맞을 기회도 함께 부여되었다. 지금으로부터 약 100년 전의 일이다.

Orte des Schreckens,
die wir niemals vergessen dürfen

Auschwitz
Stutthof
Majdanek
Treblinka
Theresienstadt
Buchenwald
Dachau
Sachsenhausen
Ravensbrück
Bergen-Belsen
Trostenez
Flossenbürg

'우리가 잊어서는 안 될 끔찍한 장소들.' 베
를린 중심 비텐베르크 광장 지하철역 입
구에 새겨진 12곳의 나치 수용소 이름들

추모비 '슈톨펜슈타인Stolpenstein'. 나
치 희생자들이 살았던 집 도로 블록에
새겨져 있다. 하나의 이름, 하나의 삶,
한 개의 돌' 베를린은 기록의 도시다

　　제1차 세계대전에서 1만 2천 명 이상의 유대인 독일 군인들이
전사하였다. 1932년에는 94개의 시너고그와 성전이 베를린에 존재
하였다. 하지만 1933년 나치가 집권하고, 1935년 9월 15일 악명 높
은 뉘른베르크 법이 통과되면서 비극은 시작되었다. 1938년 10월에
는 18,000명에 이르는 폴란드계 유대인들이 체포되어 폴란드로 추
방되었다. 그리고 마침내 1938년 11월 9일, 나치 친위대와 돌격대를
중심으로 독일 내 유대인 시설들을 전면적으로 공격하던 '크리스탈
의 밤'이 되었다. 마치 크리스탈 유리가 깨지는 소리가 요란하게 들
렸다고 해서 그런 별명이 붙었는데, 그날 밤 이후 유대인은 이 도시
에서 점차 사라졌다.

　　통일 뒤 베를린에 유대인의 정신적 구심점인 유대교 회당 건

물이 다시 우뚝 섰다. 나치의 수용소 열차와 함께 떠났던 유대인들도 하나둘 가방을 챙겨 숙명의 도시로 돌아오고 있다. 지난 10년 사이 베를린의 유대인 수는 두 배로 껑충 뛰었다. 현재 베를린의 유대인협회 회원은 1만 명을 돌파하였다. 유대인 수의 급증에도 불구하고 제2차 세계대전 이전에 비해 유대인의 인구는 아직 10분의 1에 불과하다. 원래 베를린은 리버럴한 유대인의 도시였지만 검은색 카프탄을 입고 검은 턱수염을 한 사람들, 머리에는 카파를 착용한 사람들도 베를린 거리에서 가끔 발견된다. 전통적인 그리고 정통파 유대인의 복장이다. 다수는 러시아와 우크라이나 등 과거 소련에서 온 유대인들이다.

유대인들이 베를린으로 돌아오고 있는 것과 함께 유대자본, 유대인의 네트워크, 유대인의 라이프스타일, 유대인의 디자인도 함께 몰려왔다. 베를린이 유럽을 넘어 세계 최고의 현대미술시장으로 주목받고 있는 것은 유대인 파워와 무관하지 않다. 유대인들의 자본과 그들의 긴밀한 인맥이 없었으면 불가능한 일이다. 유대인의 유대감은 정말 감탄할 정도다.

Neue Synagoge
Oranienburger Straße 28-30
10117 Berlin

집시처럼
살고 싶다?

아는 이 한 명 없는 유럽의 낯선 도시의 기차역에 내렸을 때, 차가운 비바람이 불어오면 왠지 모를 외로움에 부르르 몸을 떨게 된다. 바로 그때 어느 건물 치마 밑에서 애잔하게 들리는 선율, 비록 남루하긴 하지만 양복저고리를 입고 머리엔 모자를 쓴 차림으로 바이올린이나 아코디언을 연주하는 악사들, 얼굴은 백인과 달리 조금 거무튀튀한 색에 머리칼은 검정색인 집시들의 음악이 들릴 것이다. 집시의 음악은 하나같이 장조가 아니라 단조여서 우수가 짙게 깔려 있다. 집시들의 음악은 아파트의 푹신푹신한 소파가 아닌 방랑길에 들어야 제격이다. 음악에 취해 이렇게 자문해볼지도 모른다.

"나에게 역마살이 끼었을까? 아니면 방랑자일까? 집시처럼 영원한 떠돌이로 살아볼까?"

집시는 유럽의 많은 예술가들에게 영감과 상상력을 주었다. 그들의 삶의 방식을 이상향으로 생각한 예술가와 음악가, 작가들은 앞다퉈 집시를 주제로 작품을 썼고 모티브도 얻었다. 사라사테의 「치

me, 베를린에서 나를 만났다

집시여인은 검정색 머리, 원색차림 옷으로 쉽게 식별할 수 있다. 유럽 유 명관광지마다 쉽게 볼 수 있는 광경

고이너의 바이젠」은 '집시의 선율'이란 뜻을 지닌 대표적인 집시풍 음악이다. 코리아나가 불러 한국에도 알려진 「검은 눈동자」는 러시아에 사는 집시족의 음악을 번안한 것이며, 올드 팝으로 유명한 메리 홉킨의 「지나간 시절Those Were the Days」은 러시아 작곡가가 러시아에 사는 '치간Tzigane풍'으로 만들었던 원곡을 영어로 번안한 것이다. 치간이란 러시아 말로 집시를 의미한다.

스페인에 열광했던 헤밍웨이는 그의 작품 곳곳에 집시족을 등장시키곤 했는데, 『누구를 위하여 종은 울리나』에서 여자 주인공 마리아를 도운 여걸은 필라라는 이름을 가진 집시여인이었다. 그녀는 점을 보는 능력을 가진 여인으로 묘사되어 있다. 독일이 자랑하는 작가 토마스 만의 소설 『토니오 크뢰거』에도 집시가 나오는데, 작중의 소년은 집시가 탄 마차를 쫓아 멀리멀리 떠난다. D.H. 로렌스의 소설 『처녀와 집시』에도 집시들의 구체적인 삶이 잘 녹아들어가 있다.

화가로 불운한 삶을 살아야 했던 고흐도 프랑스 남쪽 아를에서 작품활동하고 있을 때 그곳에 살던 집시 가족의 이동마차를 보고 「집시캠프, 마차」라는 그림을 그렸다. 지금 파리 오르세 미술관에 걸린 걸작 중의 하나다. 자유분방한 삶을 구가하기로 말하자면 그 누구 못지않았던 피카소 역시 파리에 진출하기 전 바르셀로나에서 집시들을 즐겨 모델로 썼으며, 바르셀로나의 선배이자 파리 몽마르트 언덕의 아틀리에를 피카소에게 물려줄 정도로 막역했던 화가 이시드레 노넬은 집시들의 삶을 붓과 물감으로 옮기는 데 한평생을 보낸 사람이다. 그는 아예 집시여인과 함께 살았다.

집시를 소재로 한 작품은 수도 없이 많지만, 가장 유명한 오페라는 「카르멘」일 것이다. 우리에겐 비제의 오페라로 더 잘 알려졌지만 원작은 소설이다. 프랑스의 프로스페르 메리메가 1845년에 쓴 이 작품은 고고학자였던 작가가 스페인 여행 중에 얻은 견문을 토대로 쓴 일종의 집시 풍속에 관한 르포식 소설로 그녀는 스페인의 아름다운 집시여자의 이름이다. 카르멘은 남자의 온몸을 흔들어놓는 관능미를 갖고 있을 뿐 아니라 본능적인 야성미와 함께 변덕스런 성격, 그리고 거짓말과 남자 바꾸기를 밥 먹듯 하는 자유분방한 성격도 동시에 갖고 있는 여자다. 그러한 카르멘에 홀려 짝사랑하다가 군대에서 탈영하고 끝내 도둑질과 살인까지 저지르는 바스크족 출신의 순진한 청년 돈 호세의 슬픈 이야기다.

> "보헤미안 사람들에게는 자유가 생명이어서, 하루의 감옥살이를 면하기 위해서라면 하나의 도시라도 불살라버릴 수 있는 족속 입니다."

이 소설에 표현이 됐듯이 집시들은 종종 '보헤미안'이라 불리어졌다. 보헤미안이란 지금 체코의 한 지방을 가리키는 말이지만, 프랑스를 비롯한 서구 쪽 사람들이 보기에 집시들은 동구 쪽에서 흘러들어왔기 때문에 혼동해 그렇게 불렸다. 지금은 데카당한 삶을 구가하는 예술가들을 가리켜 그런 보헤미안이라 불러 집시와 구별 짓는다.

유럽에서 집시들에게는 다른 이름이 많다. 독일에서는 치고이너, 러시아에서는 치간, 루마니아와 유고에서는 칼데라시, 헝가리에서는 로바라, 스페인에서는 히타노 그리고 프랑스에서는 마누쉬 같은 이름으로 불린다. 우리가 알고 있는 집시라는 말은 영어인데, 이집트사람이라는 뜻의 이집션이라는 말에서 유래되었다. 13, 4세기 유럽에 흘러들어온 집시들 가운데 상당수는 이집트를 거쳐서 왔기 때문에 그런 편견 섞인 이름이 굳어진 것이다.

소설 속의 카르멘은 캐스터네츠를 들고 섹시한 플라멩코 춤을 추며 남자의 마음을 녹이는 여인이다. 스페인은 루마니아 다음으로 집시족이 가장 많이 거주하는 나라다. 그라나다가 있는 남쪽 안달루시아의 집시여인들(그곳에서는 '히타나'라고 부른다)은 어릴 적부터 플라맹고 춤을 할머니 혹은 엄마에게서 배운다. 그것은 집시여인들의 정열을 농염한 춤사위로 녹여낸 걸작이다. 카르멘처럼 집시는 사람의 운명을 예언하는 점쾌의 능력도 갖고 있다.

이미 600년 넘게 유럽에서 살고 있지만, 집시들은 자신들이 언제, 어디서, 왜 유럽으로 왔는지 모른다. 문자를 남기지 않았던 풍습 탓이다. 민족이동이라는 측면에서 유대인과 비슷하면서도 결정적으로 차이가 나는 이유다. 집시들은 대략 1300년을 전후로 하여 다양한 이유에 의해 몇몇 그룹으로 나눠 인도의 서북쪽을 떠났던 사람들이며, 페르시아와 오스만 터키 등의 탄압에 밀려 동진을 계속했다는 추정을 할 뿐이다. DNA 추적검사와 인류민속학의 연구결과이다. 그 전까지만 해도 그들은 '카인의 후예'로서 신의 저주를 받아 하염없는 유랑 길을 떠난다고 알려져 있었다. 그들의 말인 로마네스Romanes는 페르시아어, 아르메니아어, 그리고 중세 그리스어 등 여러 국가의 언어가 혼합되어 있다.

역사적으로 유럽인들 가운데 최초로 집시를 기록한 것도 1300년경이었다. 동로마 제국의 수도였던 콘스탄티노플지금의 이스탄불의

대주교인 아타나시오스 10세는 회람을 통해 특이한 민족을 언급하고 있다. 점쟁이, 곰을 끌고 다니는 사람, 뱀 마법사 등과 교류하지 말라고 교인들에게 명령하고 있다. 321명의 '이집트' 곡예사들이 콘스탄티노플을 방문했을 때, 니케포라스 그레고라스[1290~1360]는 이들이 이집트 출신이며, 그러나 아랍, 아시리아, 페르시아, 아르메니아와 코카서스를 두루 여행했을 것이라고 쓰고 있다. 집시들은 콘스탄티노플에서 마케도니아를 거쳐 스페인으로 계속 여행했다. 아일랜드 더블린에서 성지로 여행하는 순례자였던 시몬 시메오니스라는 사람은 1322년 그리스의 크레타에 거주하고 있었는데, 집시를 이렇게 묘사하고 있었다.

"그들은 절대로, 적어도 사흘 이상을 한군데 머물려고 하지 않고 늘 정처 없이 방랑한다. 마치 하느님에게서 저주받은 것처럼 도 망 다닌다. 사흘 후에 그들은 작은 장방형 텐트를 갖고 아랍사람 들처럼 검고 가난한 차림으로 들판에서 들판으로 동굴에서 동 굴로 이동한다."

15세기 후반쯤이면 집시족들이 유럽 전력에 확산하게 된다. 이 는 오스만-터키제국이 소아시아와 남동유럽으로 세력을 확장한 것 과 흐름을 같이 한다. 카르멘에 그려져 있는 것처럼 집시는 두 가지 얼굴을 지녔다. 여러 작품에서 그려져 있듯이 집시는 무지개, 꿈, 먼 곳에 대한 동경, 향수, 방랑을 의미한다.

유럽의 유명 관광지 앞에서 접하는 집시는 동냥, 소매치기, 매춘 등 부정적 얼굴일 때가 많다. 특히 집시여인들은 빨강 파랑 등 원색 의 특이한 복장으로 금방 눈에 띈다. 남의 물건을 슬쩍 훔치는 도둑 질기술도 뛰어나다. 특히 로마, 파리, 마드리드, 아테네 등 관광객이 몰리는 곳은 특히 심해서 이들에게 소매치기를 당한 한국 여행자들 도 적지 않다.

오늘날 유럽 대륙에는 800만 명 이상의 집시들이 살고 있다. 집 시족이 특히 많은 나라는 루마니아, 구 유고연방 국가들, 헝가리와 체코 등 동구권이다. 남유럽에서는 스페인의 안달루시아 지방에 집 중되어 있고, 프랑스 남부의 아를과 그 주변 지방, 그리스에도 적지 않은 집시들이 거주하고 있다. 이제 집시는 유럽 주요 도시에서 어 렵지 않게 목격된다. 베를린에서도 종종 목격된다. 유럽 통합의 결 과 이동의 자유를 얻게 된 집시들은 돈벌이가 쉬운 곳을 향해 계속

me, 베를린에서 나를 만났다

떠돌고 있는 까닭이다. 이로 인해 유럽 여러 나라들의 심각한 내부 갈등 요인이다. 정착과 통합 지향적인 삶과 거리가 먼 집시들의 인생이기 때문이다.

그들은 도대체 왜 세상을 떠도는 것일까. 무엇이 그들을 저토록 방랑의 길로 내모는 걸까. 카인의 후예라는 오해도 받았다. 집시들의 양면성, 특히 사회에 동화되기를 거부하고 아웃사이더로 떠도는 그들의 생활 방식은 유럽인들로부터 오랜 탄압의 원인이 되기도 했다. 결국 그들은 나치로부터 대량 학살되는 슬픈 운명을 겪어야 했다.

브란덴부르크 문에서 의사당 건물 쪽으로 향하다 보면 티어가르텐 옆길이 있는데, 중간쯤 〈나치시절 유럽에서 학살된 신티와 로마 기념관〉이라는 특이한 이름을 발견하게 된다. 독일에서는 집시라는 영어 단어와 치고이너Zigeuner라는 독일어 단어를 공식적으로 사용하지 않는다. 차별적 의미를 담고 있다는 이유이다. 대신 신티와 로마Sinti und Roma라는 용어를 사용한다. 신티는 오랫동안 독일어권에 거주하여 토착화된 집시를 가리키며, 로마는 유럽 다른 나라 거주 집시들을 뜻한다. 집시들 스스로는 자신을 '로마' 혹은 '로마니'라 부른다.

흔히 나치가 유대인만 학살한 것으로 알고 있지만 다양한 집단이 수용소로 끌려가서 희생되었다. 공산주의자, 체제를 반대한 독일인 정치범, 동성애자, 정신 장애자, 여호와의 증인, 그리고 집시족도 희생되었다. 나치는 1935년 뉘른베르크의 인종법을 제정해 유대인과 더불어 집시들에게도 단계적으로 공권력 박탈, 자영업과 공무원 취업금지, 군 입대 금지, 그리고 악명 높은 아우슈비츠 비르케나우

연못 한가운데, 삼각형 모양의 돌
은 나치 수용소에서 착용해야 했던
집시족의 배지를 형상화한 것이다

의 집시 집단수용소로의 추방 등의 조치로 이어갔다. 1차 대전 때 참
전했던 집시족 출신 독일병사도 있었지만, 수용소에 굶주림과 질병,
강제 노동과 학대, 의학 실험과 체계적인 학살 작전으로 목숨을 잃
었다.

파푸샤는 폴란드 집시족 여성으로 최초로 시집을 출판한 집시
여성이다. 폴란드 이름으로는 브로니스와바 바이스라 불리지만 집
시 이름으로 본인이 강제수용소에 끌려갔던 체험을 「피눈물」이라는
시를 써 세상에 널리 알렸다. 시의 일부를 옮기면 이렇다.

"물도 없고 불도 없는 숲속에서 – 배고픔만 크다,

어디서 나의 아이들을 재울까? 시간이 없다.

밤에 불을 피워서는 안 된다,

이 추모관에는 나치에 의해
희생된 집시족의 역사를 유리
패널에 담아 설명하고 있다

낮에는 연기가 독일인들에게 표시를 제공한다.

사나운 숲속에서 어찌 아이들과 살아갈 수가 있을까?

모두들 맨발뿐인데….

독일인들이 우리를 죽이기 원했을 때,

그네들은 우리를 우선 중노동장으로 데려갔지.

밤에 독일인 몇 명이 집시들에게 왔었다:

나는 당신들에게 나쁜 소식을 전해야겠다:

오늘밤 그들이 너희를 죽이려고 한다.

아무에게도 이 말을 하지마라!

왜냐하면 나는 피부가 검은 집시기 때문에….”

베를린의 〈신티 로마 추모관〉은 집시 희생자를 기리기 위한 추모 공원이다. 이스라엘 예술가 대니 카라반이 설계한 이 작은 기념 공원은 2012년 10월 24일 앙겔라 메르켈 총리와 요아힘 가우크 대통령이 참석한 가운데 개관하였다. 나치시절 집시의 희생자 수는 약 22만 명에서 50만 가량으로 추정된다. 집시들의 언어로 집시들의 대학살은 '포라자모스Porajmos'라 부른다.

이 공원의 역사와 의미를 담은 유리 패널 중간의 입구로 들어가면 한가운데 어두운 원형 연못이 있고, 연못 한가운데는 삼각형 모양의 돌을 발견하게 된다. 나치 수용소에서 착용해야 했던 집시족의 배지를 형상화한 것이다. 연못을 둘러싼 청동에 어떤 글씨가 새겨져 있다. 아우슈비츠 수용소에 집시 시인 산티노 스피넬리가 지은 시다.

"해쓱한 얼굴Gaunt face

죽은 눈동자dead eyes

차가운 입술cold lips

조용하구나quiet

상심한 마음이여a broken heart

숨결도 사라졌고out of breath

아무런 말도 없어라without words

눈물도 나오지 않는구나no tears"

The Memorial to the Sinti and Roma Victims of National Socialism
Tiergarden, Simsonweg,
10557 Berlin

브란덴부르크 문과
쿼드리가에 숨겨진 비밀

베를린의 시티 투어는 대부분 〈브란덴부르크 문〉 앞에서 시작된다. 관광객들은 문의 동쪽 입구 광장에서 만나 사진을 찍고 여행을 시작하는데 그 광장 이름이 파리 광장이다. 베를린의 변화와 역동성을 가장 실감할 수 있는 장소이기도 하다. 체조 선수들이 사진 한 장의 추억을 남기기 위해 문을 배경으로 아크로바틱 묘기를 부린다.

"건축이란 거울이다."

베를린 신문 헤드라인 제목 그대로 〈브란덴부르크 문〉은 근대 이후 베를린과 독일의 역사를 들여다볼 수 있는 거울이다. 베를린의 영화와 치욕, 비극, 감격스런 장면들을 세상 그 누구보다 가까운 곳에서 생생하게 지켜보았으니까. 18세기 신고전주의풍으로 지어진 이 문은 원래 베를린으로 들어오는 자들에게 관세를 징수할 목적으로 세워진 18개의 성문 가운데 하나로, 주로 서쪽에서 오는 사람들의 관문 역할을 하였다. 최초로 세워진 것은 1730년경이지만, 그 건물을 대체하고 지금과 같은 모습을 갖추기 시작한 것은 1788년부터

슈프레 강변의 아테네를 만
들고자 했던 건축가 랑한스
의 작품 〈브란덴부르크 문〉

1791년 사이였다.

　프로이센 궁정 건축책임자였던 칼 고타르트 랑한스의 디자인으
로 문의 동쪽과 서쪽 양면에 각각 여섯 개씩 모두 12개의 도리스식
기둥을 세우고 그 사이로 다섯 곳의 통로를 만들었다. 아테네 아크
로폴리스로 들어가는 기념비적인 관문인 열주문Propylea에서 영감을
얻었다. 문 위로는 쿼드리가Quadriga가 세워졌는데, 고대 로마시대처
럼 네 마리의 말이 이끌고 두 개의 바퀴로 굴러가는 4두 이륜전차戰車
였다. 쿼드리가 조각을 설계한 사람은 조각가 요한 고트프리트 샤도
우였다. 〈브란덴부르크 문〉의 원래 이름은 '평화의 문'이었고, 그 마
차 위에 올라 있는 여신의 이름은 에이레네Eirene, 역시 평화의 여신
이란 뜻이다.

　　　　　　　　　　　　　　　　　　　me, 베를린에서 나를 만났다

건축가 랑한스는 '슈프레 강변의 아테네'를 만들고자 하는 꿈을 갖고 있었다. 고대 그리스의 건축에 관해 남아 있는 유일한 책『건축 10서』를 쓴 고대 로마시대 건축가 비트루비우스의 이론에 많은 영향을 받았다. 하지만 그 꿈은 곧바로 산산조각난다. 나폴레옹이 이끄는 프랑스 군대의 침략이었다. 1806년 나폴레옹 군대는 예나-아우어슈테트 전투에서 프로이센 군대를 물리친 뒤 베를린에 진격해 들어왔다. 전쟁에서 이기면 가차 없이 문화재 약탈로 이어졌다는 것이 나폴레옹 군대의 특징이었다. 전리품으로 수많은 보물을 약탈해가는 데 그치지 않고 〈브란덴부르크 문〉 위에 조각되어 있던 쿼드리가 사륜전차까지 눈독을 들였다.

프랑스 수도 파리까지 그 수송작업을 진두지휘했던 사람이 도미니크 비방 드농이다. 그는 훗날 초대 루브르 박물관 관장이 되는 사람이다. 드농은 예술품에 대한 높은 안목으로 나폴레옹이 가는 곳마다 동행하면서 최고급 예술품들을 체계적으로 약탈해오는 데 앞장선다. 그것이 바탕이 되어 세워진 것이 오늘날 세계 최고의 박물관이라는 루브르다. 드농은 베를린에서 쿼드리가 마차를 떼어내기 위해 조각가 샤도우를 찾아가 협박하는데, 그 조각가는 자신의 분신이나 다름없는 작품이 훼손당하지 않게 하기 위해 눈물을 흘리며 해체작업을 도와야 했다.

1814년 나폴레옹이 패배하고 프로이센의 에른스트 폰 퓌엘Pfuel 장군이 파리를 점령한 뒤 사륜마차 조각상이 원래의 자리로 돌아올 수 있었다. 이제 그 조각의 역할은 평화의 상징에서 승리의 상징으로 바뀌어야 했다. 프로이센을 상징하는 독수리와 철십자, 그리고 승리의 여신 빅토리아로 대체되었다. 긴 창에는 참나무 잎으로 만들

냉전의 상징이었던 〈브란덴부르크 문〉
은 이제 젊고 약동하는 베를린의 창조적
미래 에너지를 느낄 수 있는 현장이다

어진 화관이 씌워져 있었다. 이 프로젝트를 담당한 주역이 칼 프리드리 쉰켈, 프로이센이 낳은 최고의 건축가이며 조각가, 예술가다. 운터덴린덴 거리에는 그 사람의 작품으로 가득하다.

당시에 브란덴부르크 문의 중앙 통로를 이용할 수 있는 사람은 프로이센의 왕과 그 가족들뿐이었다. 외국의 대사가 베를린에 부임하면서 신임장을 휴대하고 올 때 단 한 번 마차가 지나도록 허용해 줄 뿐이었다. 하지만 예외가 있었으니 프랑스 군대가 숨겨둔 쿼드리가 조각상을 파리에서 찾아내 베를린으로 반환하는 데 수훈을 세운 퓌엘 장군과 그 가족들이었다. 쿼드리가 조각상이 독일에 어떤 의미를 갖고 있는지 짐작할 수 있는 대목이다.

제2차 세계대전으로 베를린은 파괴되었다. 특히 〈브란덴부르크 문〉 부근에는 남아 있는 것이 거의 없었다. 하지만 신기하게도 〈브란덴부르크 문〉만은 그곳에 홀로 우뚝 서 있었다. 물론 기둥에 수많은 총탄자국과 근처에서 날아든 포탄 파편으로 상처투성이였다. 쿼드리가의 네 마리 말들 가운데 하나의 마두는 남아 있어서 오늘날 원작은 박물관에 보관되어 있다.

나치 독일이 패망하고 동서독으로 분단된 뒤에 이 문을 통해 차량과 사람들이 자유로이 드나들 수 있었다. 하지만 1961년 8월 13일, 베를린 장벽이 세워졌고, 이곳은 동서 베를린을 나누는 여덟 개의 장벽 통과 관문 가운데 하나가 되었다. 다음 날 서베를린 시장이었던 빌리 브란트는 〈브란덴부르크 문〉 앞에서 집회를 열어 동독정권의 야만성을 규탄하였다. 냉전이 정점을 달리고 있을 때 로널드 레이건 미국 대통령은 이 문 앞에서 소련 공산당 서기장이었던 고르바초프를 향해 '장벽을 허물라!'고 촉구하였다. 1989년 11월 9일, 장벽이 붕괴되고 동베를린 사람들이 넘어오면서 유럽에서 냉전의 종식을 알린 곳도 역시 〈브란덴부르크 문〉이었다.

베를린 장벽은 갑자기 열렸다. 수천 명의 동서베를린 시민들이 이 장벽 위로 올라가 자유와 통일을 외쳤다. 하지만 다른 장벽과 달리 〈브란덴부르크 문〉이 공식적으로 열린 것은 같은 해 12월 22일이었다. 당시 서독 총리였던 헬무트 콜은 이 문을 통과해 한스 모드로우 총리 동독 총리의 환영을 받음으로써 공식적으로 통일로 가는 길을 대내외에 천명하였다.

한국의 김대중 전 대통령이 2000년 햇볕정책을 선언하고, 남북 정상회담으로 이어진 계기를 마련한 곳도 이곳이었으며 그의 정치적 재기를 다진 곳 역시 이곳이었다. 그 결과 노벨평화상을 수상하기에 이른다. 2000년대 초반 슈뢰더 당시 독일총리는 미국대통령이었던 아들 부시를 〈브란덴부르크 문〉 옆 파리 광장에 있는 맥주집 투허Tucher로 초청하여 기자들 앞에서 포즈를 취했다. 이제는 이곳이 더 이상 살벌한 냉전의 장소가 아니라 평화와 번영의 상징이라는 정치적 의사표시였다. 냉전의 상징이었던 〈브란덴부르크 문〉은 독일이 월드컵 축구에서 승리하는 날 모든 시민들이 함께 모여 축제를 여는 곳이 되었다. 베를린 마라톤의 피날레 지점이기도 하며 해마다 새해맞이 행사가 성대하게 열리는 곳이기도 하다.

베를린의 세종로

운터덴린덴

〈브란덴부르크 문〉에서 동쪽으로 이어지는 거리를 가리켜 '운터덴 린덴Unter den Linden'이라 부른다. 슈프레 강이 흐르는 박물관섬과 이 제는 없어진 왕궁으로 건너가는 왕궁 다리Schlossbrücke에 이르기까지 약 1.5킬로미터의 우아한 거리다. 이보다 더 낭만적인 거리 이름이 있을까. 번역하면 '보리수 밑에서'라는 뜻인데, 자동차들이 달리는 도로 한가운데에 널찍한 보행자 전용 공간이 마련되어 있고, 그 가 운데 보리수가 줄지어 서 있다. 슈베르트의 가곡 「보리수」에 나오는 바로 그 나무다. 같은 이름으로 번역되기는 하지만 인도와 불교 문 화권에서 보는 보리수와는 다른 종류의 나무여서 생김새나 크기도 다르다. 인도의 보리수는 독일어로 보디바움Bodhi Baum이라 부른다.

운터덴린덴 거리 양편으로 펼쳐진 곳이 미테 지역이다. 이곳은 오랫동안 베를린의 두뇌이며 심장 역할을 하였다. 전쟁 전까지 왕궁 이 있었고 주요 정부기관과 외국대사관들이 자리 잡고 있기에 베를 린의 세종로 같은 거리다. 이 거리를 따라 훔볼트 대학, 국립오페라 같은 문화시설들도 대거 포진되어 있다. 분단시절 동베를린에 속해 있던 탓에 중심지로서의 위상을 서베를린의 쿠담과 샤를로텐부르 크 지역에 빼앗겼지만 이제 원래의 위상과 역할을 신속히 되찾아오 고 있다. 관광객들로 늘 붐비며, 아이스크림 가게와 기념품 상점들 이 있어 여행자가 걷기에 지루할 틈 없는 거리다.

베를린은 유럽 다른 국가의 수도에 비해 훨씬 나중에 생긴 도시 다. 이 거리에 보리수를 심도록 만든 군주는 '위대한 선제후'라 불리

는 프리드리히 빌헬름이다. 베를린과 독일 전역을 황무지로 만들다
시피 한 30년 전쟁이 끝나갈 무렵인 1647년, 그는 이 거리에 나무를
심도록 하였다. 보리수 이전에는 라임 나무였다. 이곳의 나무들은
2차 대전이 끝나고 연료부족에 허덕일 때 땔감으로 베어지는 바람
에 1950년대에 다시 심어야 했다고 한다.

　〈브란덴부르크 문〉 좌우로 미국대사관과 프랑스대사관이 자리
잡고 있고, 영국대사관과 러시아대사관도 있다. 파리 광장 옆에는
유서 깊은 아들론이 있는데, 1907년 처음 문을 열어 110년의 역사
를 자랑하는 최고급 호텔이다. 호텔 개막식 때는 프로이센의 카이저

〈브란덴부르크 문〉에서
동쪽으로 향하는 운터덴린덴 거리

가 왔고, 영국 엘리자베스 여왕부부, 오바마 미국 대통령, 마이클 잭슨, 찰리 채플린 등 유명인사가 투숙한 곳으로도 유명하다. 엘리자베스 영국 여왕이 묵었던 스위트룸은 창밖으로 〈브란덴부르크 문〉이 한눈에 들어오는데, 그 방의 하루 숙박가격은 무려 2만 6천유로(한화로 약 3천 5백만 원)나 한다. 2차 대전 여파로 1984년 철거되었다가 1997년 그 자리에 다시 세워졌다. 아들론이란 이름은 와인사업으로 막대한 수익을 올려 호텔을 세운 창립자 로렌츠 아들론의 이름을 딴 것이다.

1830년 호텔이 들어서기 이전, 1830년에 이 원래의 건물을 설계한 사람은 칼 프리드리히 쉰켈, 앞으로 운터덴린덴 거리를 걷다보면 그의 위대한 꿈을 자주 만나게 될 것이다. 훔볼트 대학 앞쪽의 거

me, 베를린에서 나를 만났다

리 중앙에 유일하게 거대한 기마상이 서 있는 모습을 발견하게 되는데, 그가 프로이센을 대표하는 계몽군주 프리드리히 대왕이다. 프로이센의 군주들 가운데 딱 두 명에게만 '위대한'이라는 수식어가 붙는데, 앞서 '위대한 선제후'인 프리드리히 빌헬름이 한 명이고, 또 다른 한 명이 바로 프리드리히 대왕이다. 변방의 작은 나라 프로이센을 일약 유럽의 강대국의 위상으로 올려놓은 장본인이다.

19세기쯤 되면 베를린은 점차 커져서 서쪽으로 팽창해나갔고, 운터덴린덴은 베를린에서 가장 잘 알려진 그리고 가장 넓은 거리가 된다. 기마상 옆이 훔볼트 대학교 본관. 아인슈타인 등 40명의 노벨상 수상자를 배출한 저명한 대학답게 입구에는 훔볼트 형제를 비롯해 이 대학을 빛낸 인물들의 동상들이 서 있다. 빌헬름 폰 훔볼트는 훔볼트 형제 가운데 형으로 프로이센시대 교육개혁자이자 언어학자였다. 자유주의적인 그의 교육 이상을 카이저가 수용함에 따라 1810년에 설립되었다. 지리학자인 동생 알렉산더 폰 훔볼트도 이 대학의 설립과 발전에 큰 도움이 되었음은 물론이다.

훔볼트 대학의 교육 이상은 독일의 다른 대학과 유럽 각 지역에 큰 영향을 주어, '모든 근대 대학의 어머니'란 표현을 듣는다. 최초의 이름은 베를린 대학이었으며, 왕의 이름을 따라 프리드리히 빌헬름 대학으로 바뀌었다가 독일 패망 뒤 동독정부는 이 대학의 명칭을 훔볼트 대학으로 변경하였다. 동독의 공산정권의 비민주적인 조치에 반발해 많은 교수들이 서베를린으로 넘어와 달렘 지역에 세운 대학이 자유베를린 대학이다. 훔볼트 대학 본관 1층 문을 열고 들어가면 2층으로 올라가는 계단 정면에 금박으로 새겨진 유명한 말이 있다.

다니엘 바렌보임이 음악감독
으로 활동 중인 슈타츠 오퍼
야경. 운터덴린덴 거리에 있다

"철학자들은 지금까지 세계를 다양하게 해석해 왔을 뿐이다. 하지만 중요한 것은 세상을 바꾸는 것이다."

칼 마르크스의『포이어바흐에 관한 테제』가운데 한 구절이다. 이 대학에서 법학과 철학을 공부했다. 동독정권이 막을 내리고 한동안 금박으로 새겨진 마르크스의 글귀 철거여부를 놓고 통일독일정부와 훔볼트 대학 내에서 치열한 논쟁이 벌어졌다. 대학 내의 학문의 자유를 침해하고 학자들을 감시하였던 동독 공산당 정권의 실상때문에 폐기여론도 강했지만, 그것도 역사의 일부라는 주장이 힘을 얻으며 결국 보존 결정이 내려졌다. 관광객들이 사진 찍는 장소로 애용한다.

통일 이후 소용돌이와 인적 쇄신 끝에 훔볼트 대학은 독일이 인정한 10개 우수 육성 대학 가운데 하나로 선정되었다. 자유베를린 대학, 뮌헨 대학, 뮌헨 공대, 아헨 공대, 쾰른 대학, 드레스덴 공대, 하이델베르크 대학, 튀빙엔 대학, 그리고 콘스탄츠 대학 등도 포함되었다.

훔볼트 대학 건너편에 다니엘 바렌보임이 음악감독으로 있는 유서 깊은 오페라단인 슈타츠 오퍼Staatsoper 극장과 프리드리히 대왕이 친동생 하인리히를 위해 세워준 황태자궁이 있다. 그리고 그 옆으로 널찍한 공간이 있는데 이곳이 베벨 광장이다. 나치시절인 1933년 악명 높은 괴벨스의 주도로 횃불을 들고 나치에 위협되는 지식인의 저서를 불태운 독일판 분서갱유焚書坑儒 사건이 일어난 바로 그곳이다. 여기에 속한 작가들에는 칼 마르크스, 하인리히 하이네, 슈테판 츠바이크 등 유대인, 그리고 토마스만과 하인리히 만, 브레히트 등이 포함되어 있다. 베벨 광장 한가운데에는 투명한 유리판이 있

me, 베를린에서 나를 만났다

고 그 밑으로 책이 꽂혀 있지 않은 채 비워져 있는 책장이 있다. 당시의 기억을 영원히 기억하자는 뜻에서 1995년 만들어진 기념물이다. 시인 하인리히 하이네의 유명한 글이 적힌 동판이 그곳에 있다.

"책을 불사르는 것은 오직 시작일 뿐이다. 결국 인류도 불태우게 된다."

제2차 세계대전이 끝나고 운터덴린덴 거리에서는 폐허 이외에 남아 있는 것이 거의 없었다. 다만 왕궁은 살아남았는데, 1950년 동독 공산당 서기장인 발터 울브리히트는 이 궁전이 프로이센의 전제주의 상징이라며 철거를 명령한다. 그리고 세워진 것이 '인민궁전'이라는 이름의 공산주의 양식의 건물이었다. 하지만 통일 뒤 이 건물에서 석면이 다량 검출되어 다시 철거되기에 이른다. 현재는 옛 왕궁 건물의 복원작업이 한창 진행 중이며 그 안에 〈훔볼트 포럼〉이 들어올 예정이다.

세상 모든 여성들에게 바치는
레퀴엠

세상에 이처럼 단순하고, 이처럼 강력한 감성을 일으키는 추모 장소가 또 있을까? 훔볼트 대학과 초이그하우스Zeughaus 사이에 〈노이에바헤Neue Wache〉라는 이름의 작은 건물이다. '신新 위병소'란 뜻으

프로이센을 대표하는 쉰켈의 신고
전주의 양식의 명작 〈노이에바헤〉

로 원래는 프로이센 왕의 경비대 건물이었다가 나폴레옹 전쟁 때 희
생한 프로이센 군인을 기리기 위한 기념장소로 쓰였다. 얼핏 외견
상 평범해 보이지만 이곳은 베를린에서 매우 특수한 공간으로 자리
매김한다. 눈썰미가 있는 사람이라면 건물 앞에 언제나 지키고 있는
경찰의 모습에서 이곳이 예사롭지 않은 곳임을 눈치챘을 거다.

1931년 하인리히 테세노프Heinrich Tessenow가 제1차 세계대전 희
생자들을 위로하기 위해 건물 내부를 개조하여 실내 인테리어를 매
우 단순하게 다시 디자인하였다. 건물 내부로 들어가면 천장이 둥그
렇게 뚫려 있고, 그 천장으로 들어오는 약간의 자연 채광만이 아래
에 놓여 있는 하나의 조각상을 비추고 있는 것을 발견하게 될 것이
다. 그 이외에는 아무런 장식이나 조명도 없다. 실내 인테리어는 베
를린의 오랜 전통인 미니멀리즘의 극치다. 그 어떠한 장식성을 거부

모든 공간과 빛이 본질인
조각작품에 집중되어 있다

하고 모든 공간과 빛이 본질인 작품에 집중되어 있다.

　　이 조각상은 독일 작가 케테 콜비츠의 작품 「죽은 아들을 안고 있는 어머니Mutter mit totem Sohn」다. 비가 오면 뚫린 지붕을 통해 비를 맞아 더 처연한 모습인데, 전쟁으로 고통받는 모든 피해자들을 상징한다. 피에타는 서구에서 오랫동안 다뤄진 예술의 주제로 어머니 마리아가 십자가에서 내려진 아들 예수 그리스도를 안고 슬피 우는 장면에서 연유되었다. 자식의 죽음만큼 어미를 슬프게 하는 것은 없다. 이탈리아어로 '슬픔' '비탄' '자비를 베푸소서' 등의 뜻을 지닌 피에타 주제는 미켈란젤로의 3대 조각품, 벨리니의 조각 등으로 유명하지만 전체적인 분위기 면에서 보면 콜비츠의 피에타 앞에서 모두 침묵할 것이다. 왜냐하면 이 작품을 만든 그녀만큼 처절한 인생경험을 했던 사람은 없기 때문이다.

케테 콜비츠의 「죽은 아들을
안고 있는 어머니」. 독일의 전
쟁희생자 공식 추모 장소다

　　케테 콜비츠는 의사이자 사회주의자였던 남편 칼 콜비츠와 함
께 베를린 빈민촌에 자선병원을 세워 이웃들을 보살폈다. 가난과 질
병과 소외로 고통받는 하층민들을 많이 만났고 그들의 삶과 함께 하
였다. 그럼에도 불구하고 운명의 여신은 가혹하였다. 그녀는 1차 세
계대전에서 열여덟 살밖에 안된 둘째 아들을 잃고, 2차 세계대전에
서는 끔찍이 사랑하던 손자도 잃었다. 이보다 더 큰 고통과 슬픔은
없었다. 고통과 절망 속에 그녀는 이렇게 외쳤다.

　　"아기의 탯줄을 또 한 번 끊는 심정이다. 살라고 널 낳았는데, 이
제는 죽으러 가는구나!"

me, 베를린에서 나를 만났다

이때부터 콜비츠의 그림은 전쟁으로 아들을 잃은 모든 어머니의 마음을 대변하며 더 이상 젊은이들을 전쟁터로 끌고 가지 못하게 하려는 방편이 되었다. 그녀는 평생 반전과 자유를 예술로 표현하였지만 나치가 패망하기 직전에 숨을 거뒀다. 만약 베를린의 차가운 비바람이 죽은 아들을 안고 있는 어머니 조각상에 들이치기라도 한다면 너무나 처절하여 차마 눈길조차 건네기 힘들 듯하다.

독일정부는 1993년 당시 총리였던 헬무트 콜의 요청으로 케테 콜비츠의 원본을 네 배로 확대 복사해 이곳에 세웠고, 전쟁희생자 및 독재희생자 공식 추모 장소로 지정하였다. 앙겔라 메르켈 총리 등 지도자들이 방문하여 희생들을 위로하고 있다. 콜비츠 자신의 고통스런 모습인 동시에 아이를 잃어본 적이 있는 세상 모든 여성들에게 바치는 레퀴엠인 것이다.

〈노이에바헤〉가 주목받는 또 하나의 이유는 이 건물의 건축양식 때문이다. 이곳을 설계한 사람은 건축가 칼 프리드리히 쉰켈 Schinkel, 이곳이 그가 남긴 대표적인 신고전주의 양식의 작품이다. 쉰켈로서는 자신이 설계한 최초의 공공건축 작품이기도 하다. 그는 이 건물을 고대 로마시대의 병영인 '카스트룸castrum'의 모습을 따르려고 하였다. 사방에 네 개의 견고한 타워를 세우고 내부 가운데에는 중앙 정원을 배치한 뒤 그 가운데 승리의 여신인 나이키를 배치하였다. 나폴레옹의 침략을 막은 프로이센의 역할을 상징하였다. 건물 외형은 그리스 고전주의 기법을 채택하였다. 도리스식 기둥을 기반 없이 세워 지붕을 버티게 한 열주랑列柱廊이라 할 수 있는 포르티코portico를 지었다. 그러나 도리스식 건축의 프리즈를 구성하는, 세

줄의 홈이 있는 트리클리프triglyph, 그 트리클리프를 고정하는 작은 막대모양 장식인 구타에guttae 같은 구성 요소를 과감하게 생략해버렸다. 때문에 이 건물은 프로이센의 신고전주의를 대표하는 작품으로 꼽힌다.

프로이센이 낳은
위대한 건축가 쉰켈

쉰켈은 프로이센이 낳은 위대한 건축가이며 조각가이고 화가였다. 프로이센의 레오나르도 다빈치라고 해야 할까? 아니면 프로이센의 미켈란젤로라고 불러야 할까? 쉰켈은 1781년 베를린에서 멀지 않은 노이루핀Neuruppin에서 태어났다.

당시의 북유럽 예술가들이 그러하듯 젊은 나이에 로마를 여행하며 고대 로마 건축을 연구하고 영감을 받는다. 특히 고대 로마인들이 기념건축물들을 통해 주고자 하는 명확성과 표현성에 매료된다. 그러면서도 동시에 그는 로마 건축과 구분되는 그리스 건축에도 동시에 푹 빠진다. 베를린을 슈프레 강가의 아테네로 만들고자 하였던 스승 길리에게 배워 그 영향을 많이 받았던 탓도 있다.

베를린을 비롯한 유럽에서 당시 그리스와 로마의 건축양식인 신고전주의 건축이 인기를 끈 것은 18세기 전반의 고대유적에 대한 발굴과 고고학적 연구가 활발하게 이뤄져 고전건축에 대한 관심이 증가했기 때문이다. 여기에는 독일의 예술 고고학자 요한 빙켈만이

베를린 건축학교, 바우아카데미 베
를린BAUAKADEMIE Berlin 앞에 있는
쉰켈의 동상. 그의 이름을 따른 쉰
켈 광장Schinkel platz에서 볼 수 있다

왕궁에서 바라본 박물관섬의 옛 사진. 정면
의 건물이 〈알테스 무제움〉, 그 앞의 정원
인 '루스트 가르텐', 쉰켈의 명작이다. 박물
관섬 전체는 세계문화유산으로 지정되었다

1764년 고대 그리스 로마 예술을 연구한 뒤 내놓은 『고대예술사』라는 책의 영향이 컸다. 빙켈만의 책은 독일과 유럽에서 고전부흥운동의 이론적 근거를 제공했다. 쉰켈 역시 시대를 초월하는 절대적 아름다움은 그리스와 로마의 건축이라고 믿고 따랐다.

이 건물은 쉰켈이 로마에서 건축과 회화 공부를 끝내고 베를린에 돌아온 직후의 작품이다. 당시 프로이센의 왕 프리드리히 빌헬름 3세는 프로이센의 수도를 새롭게 건설하기로 결심한다. 나폴레옹에 의해 무력으로 지배되었다가 프랑스 군대를 물리친 것을 기념하기 위함이었다. 왕은 그 업무를 쉰켈에게 맡겼다. 왕의 전폭적인 지원으로 베를린과 포츠담의 건축과 도시 계획을 이끌며 왕성한 활동을 하게 되는데, 그 가운데 하나가 바로 이 건축물이다. 1818년 9월 18일 러시아의 차르 알렉산더 1세의 공식 베를린 방문에 맞춰 개관하였다.

〈노이에바헤〉 건물을 나오면 옆으로 〈초이그하우스Zeughaus〉가 있다. 병기고라는 뜻인데, 지금은 독일 역사박물관으로 쓰인다. 이 건물의 옆이 슈프레 강이다. 〈브란덴부르크 문〉을 설계한 랑한스, 자기의 스승이었던 프리드리히 길리는 베를린을 '슈프레 강변의 아테네'로 만들고자 하였지만 뜻을 모두 이루지 못하고 작고하였다. 이제 숙제는 그에게 돌아왔다.

쉰켈은 1819~24년 사이, 왕궁과 박물관섬 그리고 왕궁 교회인 베를린 돔 사이를 연결하는 교량을 건설하게 되는데 그것이 왕궁 다리Schlossbrücke다. 다리의 중간에는 전쟁의 승리를 상징하는 신화들을 담은 장식 조각들로 가득하다. 슈프레 강을 내려다보는 이 다리는 이제 수도의 새로운 관문 역할도 담당하게 된다.

베를린의 왕궁과 박물관섬을 연결하는 다리. 다리 위의 조각들도 쉰켈의 작품이다

이 다리를 건너면 바로 박물관섬이다. 거대한 푸른 녹지 광장인 루스트 가르텐Lust Garten, 그리고 구舊 박물관이라는 뜻의 〈알테스 무제움Altes Museum〉이 화려한 얼굴로 방문객을 맞는다. 베를린을 찾는 사람들이라면 누구나 찾는 명소이며 이 도시의 자랑인데, 이 두 가지를 모두 설계하고 완성한 사람이 바로 건축가 쉰켈이다. 옆자리의 베를린 돔과 함께 전체적으로 완벽한 공간의 균형미를 보여주고자 설계하였다. 아쉽게도 왕궁이 사라져서 쉰켈이 살리고자 하였던 전체적인 공간의 균형적 배치는 상상으로만 느낄 뿐이다.

이곳을 박물관섬으로 개발명령한 사람은 프로이센의 왕 프리드리히 빌헬름 3세였다. 그는 1810년 빌헬름 폰 훔볼트에게 자신이 수집했던 예술품과 고대 유물들을 전시할 수 있는 특별한 공간을 만

칼 프리드리히 쉰켈의 초상화.
1781년에 태어난 쉰켈은 프로이센을
대표하는 건축가, 조각가, 화가였다

들라는 임무를 부여하였다. 그는 훔볼트 대학을 창설했을 뿐 아니라 프로이센의 교육과 문화 개혁에 막대한 영향을 끼친 최고의 지식인 가운데 한 명이었다. 박물관섬의 최초 기본 콘셉트는 훔볼트의 머리에서 나왔다.

그 사이 나폴레옹 침략과 해방전쟁 등으로 시간이 많이 소요되었지만, 이제 강력한 프로이센 왕국의 위용을 세상에 과시할 필요가 있었다. 적극적인 예술의 후원자였던 프리드리히 빌헬름 3세는 왕실소장 미술품과 골동품, 조각 작품들을 전시하기 위해 왕궁 맞은편 부지에 세계에서 가장 아름다운 박물관들을 짓도록 명령했다. 베를린 최초의 공공 박물관으로서 그 규모나 내용에서 확실히 차별화되어야 했다. 그 프로젝트의 책임자가 바로 쉰켈이었다.

왕궁을 정면으로 향하고 있는 〈알테스 무제움〉은 1824~28년 사이에 설계되었다. 건물 전면에 그리스 신전을 연상시키는 18개의 이오니아식 열주를 세웠다. 이는 건물 골조에서 구조적인 기둥 역할을 하는 것이 아니라, 단순히 장식적인 부재로 사용된 것이며 이것이 동시대 프랑스 신고전주의 건축물과 차이다.

쉰켈은 1822년 박물관 디자인을 끝낸 뒤 그 다음해인 1823년부터 1829년 사이 신고전주의 양식의 〈알테스 무제움〉을 완성하였다. 박물관 앞의 광활한 녹지 공간인 루스트 가르텐Lust Garten과 멋진 조화를 이루는데 성공하였다. 1830년 8월 3일, 왕의 생일날 마침내 개막식이 열렸다. 5,000년 인류의 문명사를 한 곳에서 감상할 수 있는 곳, 전 세계에서 유례없는 역사적 건물의 독특한 앙상블은 이렇게 시작되었다. 박물관 정면 독수리들이 조각된 그 밑에는 금박으로 라틴어 문장이 새겨져 있다.

> "프리드리히 빌헬름 3세는 모든 양식의 고대유물과 자유로운 예술 연구를 위해 1828년 이 박물관을 세웠다."

90미터 길이에 18개의 이오니아식 기둥들이 마치 파르테논의 그것처럼, 혹은 건강한 게르만족의 긴 다리처럼 쭉쭉 다리를 뻗어 열주列柱로 늘어서 있다. 박물관의 지붕과 내부에는 각종 조각으로 장식되어 있다. 박물관 입구에 세워진 화려한 조각들은 다른 예술가들의 작품이다. 내부로 들어가면 로마의 판테온에서 영감을 받은 거대한 원형 홀이 나오는데, 20개의 코린도식 기둥들이 둥그렇게 원을 이루고 있다. 박물관의 처음 이름은 '왕립 박물관'이었지만 그 이후 이곳에 다른 박물관들이 들어서면서 1841년서 구^舊 박물관이라는 뜻의 〈알테스 무제움〉으로 개명된다. 지금은 주로 그리스 로마 시대의 유물과 조각품들이 전시되고 있다.

쉰켈은 건축가이면서 동시에 조각가, 화가, 도시계획가, 무대장치 디자인, 가구 디자이너 등 다재다능한 예술가였다. 나폴레옹 패망 이후 〈브란덴부르크 문〉에 추가된, 그리고 훗날 현대의 독일이 사용하게 되는 '철십자' 역시 쉰켈의 디자인이다. 베를린에서 가장 아름답다는 광장, 잔다르멘 마르크트의 한가운데 콘서트홀 〈콘체르트하우스〉도 원작은 쉰켈의 작품이다. 베를린 필하모니가 탄생하기 전, 이곳이 프로이센 왕립 콘서트홀이었고, 동독시절을 대표하는 음악당이기도 하였다. 샤를로텐부르크 궁전의 개선작업과 왕세자의 궁을 고치는 작업도 그의 몫이었다.

쉰켈은 오페라 무대 디자인에도 재능이 있어 1816년에는 모차르트의 유명한 오페라 「마적」 가운데 밤의 여왕이 나오는 장면을 위한 무대장치를 만들었는데, 12세트로 구성된 그의 무대 디자인은 현대의 오페라단들도 여전히 사용할 정도다. 그의 영향으로 현대의 유명 시각예술작가들도 한번쯤 도전해보는 분야가 오페라 무대 디자인이다.

프로이센의 영토가 확장되면서 프랑스와 맞닿아 있는 라인란트, 그리고 지금은 러시아의 영토가 되어버린 칼리닌그라드 같은 곳에도 그의 작품이 남아 있다. 많은 설계도와 다양한 프로젝트 안^案들이 남아 전해지고 있는데, 믿을 수 없을 정도로 디테일한 스케치는 건축이나 디자인을 공부하는 학생들에게 필수적인 견학코스다. 그가 세웠던 〈건축 아카데미^{Bauakademie}〉에 그 스케치들을 모아 다시 전시 예정이며 아카데미 건물은 현재 복원공사 중이다. 〈건축 아카데미〉와 〈프리드리히스베르더Friedrichswerder 교회〉 건물은 그가 신고전주의 양식에서 신 고딕양식으로 바뀌는 것을 보여준다. 평생 지치지 않고 신고전주의와 신 고딕형태의 작품을 남긴 덕분에 '쉰켈리즘'이라는 독자적인 장르가 탄생하였다.

한편 박물관섬 동쪽 거대한 원형 지붕을 한 건물은 〈베를린 돔Berliner Dom〉이다. 거대한 외형을 보고 많은 사람들이 가톨릭 성당을 상상하지만 사실은 개신교 교회다. 400년에 걸친 프로이센 가문의 역대 황제와 왕 대부분이 이곳에서 대관식을 하고 사망 후 안장된 왕실 교회인 것이다. 이 교회 역시 원래는 쉰켈의 설계로 지어졌지만, 프로이센의 황제 빌헬름 2세가 커져가는 국력에 걸맞게 로마 베드로 성당을 전례로 황실 교회를 재건축할 명령하는 바람에 허물었다. 그리고 건축가 율리우스 라쉬도르프의 주도로 12년 넘는 공사 끝에 1905년 완성된 작품이다. 실내에는 2천 석의 좌석이 있다.

쉰켈은 60세의 나이로 베를린에서 사망하였다. 그의 유해는 헤겔, 피히테, 브레히트 등 유명 인사들이 안장된 쇼세Chaussee 거리의 도로테에슈타트 묘역에 묻혀 있다. 프로이센이 급격히 산업화되면서 그의 이상은 모두 실현되기 어려웠다. 그럼에도 불구하고 19세기 말의 독일 신건축운동에 큰 영향을 주었다. 통일 뒤 많은 논란에도 불구하고 오늘날의 베를린의 외경과 건축에 대한 기본정신과 아이덴티티는 그의 철학을 반영하고 있다. 그는 죽어서도 여전히 베를린의 건축정신을 지배하고 있다.

베를린 한복판을 흐르는 슈프레 강 지류에 있는 이 기다란 섬은 북
쪽으로는 '박물관섬', 남쪽으로는 '어부의 섬'이라 부르고 8세기쯤
인간들의 정착이 이뤄진 곳이기에 베를린이란 도시의 시작과도 같
다. 어부의 섬 남쪽 지역, 그러니까 게르트라우덴 거리에는 동독정
권이 스탈린 양식으로 건축한 고층 아파트들이 즐비하게 들어차 있
어 원 도심으로서의 냄새는 그리 많지 않다. 원래 주거지역이었던 박
물관섬 지역이 '과학과 예술의 성소'가 된 것은 이 지역이 왕궁과 대
면하고 있다는 장소적 특성 때문이다.

　베를린에는 색다른 비밀이 있다. 그것은 비 내리는 날의 숫자보
다 박물관의 숫자가 더 많다는 것이다. 정확히 말하면 베를린에는
175개의 박물관이 있다. 물론 사설 갤러리를 제외한 숫자다. 박물관
의 정수는 '박물관섬'이다. 그 하나하나가 엄청난 보물들로 가득한
다섯 개의 박물관이 몰려 있는 베를린 정신세계의 중심지다. 그동안
런던과 파리에 비해 상대적으로 덜 알려져 있던 것은 2차 대전과 독
일분단 때문이다. 박물관 건물의 복원작업과 전시 유물의 재배치에
많은 시간이 소요되었다.

　프로이센에서 예술품을 수집한 최초의 왕은 프리드리히 대왕이
었다. 운터덴린덴 거리에 거대한 기마상을 타고 있는 주인공이며 포
츠담의 상수시 궁전을 세운 사람이다. 베를린에서 최초로 유물의 전
시관이 설립된 것은 1797년으로 고고학자인 알로이스 히르트Hirt의
제안에 따른 것이었지만 그때만 해도 규모는 크지 않았다.

박물관섬의 고고학 산책로
와 〈베를린 돔〉. 베를린에는
모두 175곳의 박물관이 있다

위 | 회랑에서 바라보이는 〈구 국립미술관〉
아래 | 박물관섬의 통로 역할을 하는 회랑.
모두 쉰켈의 제자인 아우구스트 스튈러가
설계했다

me, 베를린에서 나를 만났다

박물관섬의 회랑은 고고학과 예술의 상상력을 키워주는 최고의 산책로다

쉰켈의 대를 이어 프리드리히 아우구스트 스튈러, 요한 하인리히 슈트레크 같은 제자들을 거치면서 쉰켈의 건축적인 이데아가 완성되어 갔다. 쉰켈의 제자였던 스튈러가 스승의 뜻과 스승의 스승인 길리에 대한 오마주의 의미로 설계한 것이 〈알테스 무제움〉 뒤에 있는 〈구舊 국립 미술관〉이다. 베를린처럼 역사의 부침浮沈이 심한 도시도 드물다. 그럼에도 그들이 결코 포기하지 않았던 것은 예술에 대한 사랑이었다. 후발주자가 갖기 마련인 콤플렉스와 우월감이 합쳐져 더욱 더 거대한 욕망으로 커진다. 이를 육안으로 확인할 수 있는 곳이 박물관섬이다. 지형적으로는 노트르담 대성당이 위치한 파리의 시테섬과 비슷하다. 파리에 루브르가 있고, 런던에 대영박물관이 있는 것처럼 베를린에는 박물관섬이 있다. 다섯 개의 박물관들이 모

박물관섬 주변에도 관광객들을 태운 유람선들이 바쁘게 움직인다. 이 곳은걷기에 매우 좋은 산책 장소다

여 있는 박물관섬 전체가 1999년 유네스코 세계문화유산으로 지정
되었다.

흔히 베네치아를 가리켜 물과 다리가 많은 도시라 말하지만,
베를린은 베네치아보다 더 많은 다리와 물길에 둘러싸인 도시다.
180킬로미터에 이르는 수로가 있어 보트로 접근할 수 있다. 박물관
섬 주변에도 관광객들을 태운 유람선들이 바쁘게 움직인다. 이곳은
걷기에 매우 좋은 산책 장소다.

"박물관은 국가, 종족, 그리고 기관들처럼 되어서는 곤란하고 소
설처럼 되어야 한다. 아니 인간의 이야기에 관한 것이라야 한다."

터키의 소설가 오르한 파묵이 자신의 작품 『순수 박물관』의 발
간에 발맞춰 영국 「파이낸셜 타임스」와의 인터뷰에서 했던 말이다.
그렇다. 인간의 이야기가 빠져 있다면 박물관은 한낱 차가운 돌덩어
리, 잡스러운 잡동사니를 수집해놓은 기이한 곳일 뿐이다. 만약 박
물관이 지루하다면 그것은 인생이 지루하다는 뜻이다. 시대를 건너
뛰고 공간이라는 한계를 넘어서 수백 년, 아니 수천 년 전의 인물들
과 대화를 나눌 수 있는 장소가 이곳 말고 또 어디에 있을까?

〈알테스 무제움〉에서 〈구 국립미술관〉으로 이어주는 곳에 고대
아테네를 걷는 듯한 착각을 하게 만드는 열주列柱가 줄지어 있다. 이
곳이 박물관의 통로 역할을 하는 회랑Kolonadenhof인데, 이는 쉰켈의
제자 아우구스트 스틸러의 작품이다. 이곳은 상상력을 키우기에 최
적의 장소다. 한 명의 고고학자가 되어 문명을 산책하는 기분을 갖
게 만든다. 회랑 모퉁이에서는 노트북 컴퓨터를 펴놓고 글을 쓰는

사람, 혹은 눈을 감고 조용히 사색을 즐기는 사람, 언제나 그곳에는 꿈을 꾸는 사람들이 있다. 박물관도 좋지만 이곳을 놓쳐서는 곤란하다. 천천히 산책하면서 고고학의 산책자가 되어보는 거다.

박물관에 가려면 몇 가지가 있어야 한다. 여행경비와 체력이 필요함은 설명할 필요도 없다. 여기에 추가되는 것이 지식 냉장고다. 흔히 아는 만큼 보고, 보는 만큼 안다는 말이 가장 실감나는 곳이 박물관이다. 그곳에는 인류의 오랜 지식과 예술이 집결되어 있는 탓이다. 또 한 가지 아쉬운 것은 상상력의 빈곤이다. 지식은 공부하면 보충되지만 상상력은 쉽사리 해결될 문제가 아니다. 그 한계를 처절히 체험하는 곳이 바로 이곳 고고학 회랑이다.

페르가몬 박물관의
거대한 제단

〈페르가몬Pergamon 박물관〉은 박물관섬에 있는 다섯 개의 박물관들 가운데 마지막인 1930년에 완공되었는데, 그 유물들이 발굴된 장소의 이름을 딴 박물관이다. 페르가몬은 지금의 터키 지방에서 번영하던 소아시아 제국의 수도를 가리키는 이름이다.

장구한 세월 동안 흙더미 속에서 잠자던 이름이 유명해진 것은 그곳에서 거대한 제우스 제단이 발굴되면서부터다. 프로이센의 엔지니어 칼 후만Carl Humann이 1878년부터 1886년에 거대한 제우스의 제단을 발굴했다. 그 제단이 일명 「페르가몬 대제단Pergamon Altar」이다. 대제단은 지금 베를린 〈페르가몬 박물관〉 안에서 통째로 재현되고 있는 것이다. 고대 그리스인들의 영토였던 까닭에 제우스신을 비롯한 그리스의 많은 신들에게 봉헌하는 유물이 많다. 특히 기원전 170년 경 만들어진 「신과 거인들의 싸움」이라는 프리즈frieze는 너무도 유명하다. 프리즈는 대제단을 장식하고자 만든 넓은 띠 모양의 조각으로 고대의 조각가는 하얀 대리석에 신神과 거인이 세상에 대한 지배권을 놓고 싸우는 신화의 한 장면을 표현했다.

〈페르가몬 박물관〉의 제우스의 제단은 재단장을 위해 보수공사 중이어서 2019년 이후에나 얼굴을 볼 수 있다. 독일이 낳은 유명 건축가 오스발트 마티아스 웅거스의 주도로 작업 중이다. 대제단이 유명하긴 하지만 페르가몬의 다른 유명한 유적들은 여전히 전시 중이다. 고대그리스 지역인 밀레토스의 시장 문, 바빌론에서 출토된 이

프리즈는 대제단을 장식하고자 만든 넓은 띠 모양의 조각으로, 하얀 대리석에 신과 거인이 세상에 대한 지배권을 놓고 싸우는 신화의 한 장면을 표현했다

슈타르 문 등 기념비적 건축물들이 유적지 현지에서 출토된 그대로 옮겨져, 실제 크기로 재건되어 전시되어 있다. 입이 딱 벌어질 지경이다. 페르시아의 유적들, 중동 지역의 다양한 이슬람 유적들도 함께 보여주고 있기에 가장 방문자가 많은 박물관이다.

〈노이에스 무제움Neues Museum〉은 독일어로 신新 박물관이란 뜻이다. 상대적으로 전면에 있는 〈알테스 무제움〉보다 나중에 생겼다는 의미를 담고 있다. 이때쯤 해서는 프로이센의 왕이 프리드리히 빌헬름 4세로 넘어가고, 그는 쉰켈의 제자인 건축가 프리드리히 아우구스트 스튈러에게 이 건물의 설계를 맡겨 완성된다. 스튈러는 그 옆의 〈구 국립미술관〉도 디자인하고, 고고학 회랑의 아이디어도 냈으며, 베를린 유대인들의 상징인 〈뉴 시너고그Neue Synagoge〉를 건설

me, 베를린에서 나를 만났다

하고, 〈베르크그뤼엔 박물관〉 건물을 설계하는 등 스승인 쉰켈보다
오히려 더 많은 작품을 남겼다. 스웨덴의 수도 스톡홀름이 자랑하는
〈국립미술관The National Museum of Fine Arts in Stockholm〉 역시 그의 작품
이다.

　〈노이에스 무제움〉은 2차 대전 때 공습으로 완전히 파괴되다시
피 하였다가 독일통일 뒤인 2009년에 다시 오픈되었다. 이 박물관
재건작업을 발표하였을 때 세계의 많은 건축가들이 응모하였는데,
최종적으로 당대 최고라는 두 명의 건축가, 즉 캐나다 출신으로 미
국 국적인 프랭크 게리와 영국을 대표하는 건축가 데이비드 치퍼필
드가 결선에 올랐다. 프랭크 게리는 빌바오의 〈구겐하임 미술관〉이
라는 환상적인 작품을 설계해 신화가 된 인물이다. 그런데 이 박물

관 프로젝트는 결국 데이비드 치퍼필드에게 돌아갔다. 치퍼필드는 박물관 외면은 그대로 두고 이 박물관 콘셉트에 맞게 내부를 완전히 새로운 구조로 뜯어고쳤다. 최고의 보물인 네페르티티의 흉상과 고대 이집트 유물을 그 안에 전시하는 까닭이다.

제2차 세계대전과 독일분단의 결과 박물관섬은 초토화되었다. 그럼에도 불구하고 독일인들은 거의 원형에 가깝게 복원시켰다. 오래전의 설계도와 기획안 등 디테일한 자료를 모두 보관하고 있었던 덕분이고 장인정신으로 무장한 복원전문가를 보유한 덕분이다. 문화재 복원기술에 관해 독일은 세계 최고로 평가받는다.

히틀러의 폴란드 침략으로 시작된 제2차 세계대전은 유물들에게도 막대한 영향을 끼쳤다. 다행히 독일 문화재 전문가들은 전투기 공습이나 포격에 대비하여 이 유물들을 독일 각지의 안전한 곳으로 대피시켰다. 대부분의 고귀한 문화재들은 전쟁이 끝난 후 찾아올 수 있었지만 일부는 강탈당했고 일부는 소재조차 파악하지 못하고 있다. 대표적인 것이 1873년 하인리히 슐리만이 지금의 터키 지역에서 발굴한, 흔히 '트로이의 황금'이라 부르는 트리아모스의 보물이다. 소련의 붉은 군대는 이를 약탈해 간 뒤 모스크바 푸쉬킨 박물관에 소장하고 있다.

동서독 분단으로 이산가족이 된 것은 사람만이 아니었다. 이 박물관섬에 있던 유물들 역시 동서독으로 뿔뿔이 나눠져 있었다. 통일 뒤 10년 동안 오랜 논의와 연구 끝에 1999년 마침내 박물관섬에 대한 미래 청사진이 결정되었다. 그것은 박물관섬을 '슈프레 강의 루브르Louvre on the Spree'로 다시 만들겠다는 것이다. 박물관섬의 총책임자였던 볼프-디터 두베의 주도면밀한 계획과 후임자인 페터-클라우스 슈스터가 주도한 야심적인 청사진이었다. 덕분에 그동안 뿔뿔이 나눠져 있던 유물들은 원래의 자리인 박물관섬으로 다시 모이게 되었다. 베를린 궁전이 완공되어 〈훔볼트 포럼Humboldt Forum〉이라는 이름으로 2019년 개관할 예정이다. 그 건물 안에 민속박물관Ethnological Museum과 아시아 예술 박물관Museum of Asian Art이 들어오게 되면 이 지역의 박물관 규모는 지금보다 훨씬 확대되는 셈이다.

여기에 새로운 프로젝트도 추가된다. 이름하여 〈야메스 지몬 갤러리James Simon Gallery〉다. 영국 건축가 데이비드 치퍼필드가 설계한 것으로 메인 입구는 〈페르가몬 박물관〉 바로 앞에 세워질 예정이며 그 옆의 〈노이에스 무제움〉 옆에서도 한창 공사 중이다. 박물관섬에 있는 박물관들을 지하통로로 연결하는 '고고학 산책로Archaeological Promenade'를 건설하여 방문객들이 모두 이곳을 통해 연결시키는 거대한 프로젝트다. 2차 세계대전 이전에는 이 모든 박물관들이 지상의 다리로 연결되어 있었다고 한다.

〈야메스 지몬 갤러리〉는 단순히 박물관들을 연결하는 통로로서의 역할만 하는 것이 아니라 그곳에 많은 유물을 전시할 계획이어서 명실공히 여섯 번째 박물관 기능도 담당하게 된다. 죽음 뒤의 삶, 미에 관한 주제 등 인류 보편적인 주제가 다뤄질 예정이라고 한다. 완전히 파괴되었던 박물관섬은 이제 지상 최대, 세계 최고의 보물섬이 되어가고 있다.

이집트의 미녀 네페르티티,

베를린의 아이콘이 되다

데이비드 치퍼필드가 다시 설계한 〈노이에스 무제움〉의 외부 기둥 곳곳에는 전쟁의 총탄으로 깊게 파인 흔적을 확인할 수 있다. 역사상 가장 치열한 전투가 벌어졌던 곳이라는 것을 짐작할 수 있다. 포연으로 표면이 시커멓게 변한 기둥들 사이로 흰색 기둥도 섞여 있다. 박물관 문을 열었다. 독일 박물관의 출입문들은 하나같이 거대하고 장중하여 문 열기조차 버겁다. 수천 년 장대한 시간의 문을 들어가 고귀한 인물을 만나러 가기 위한 당연한 통과의례 같은 것일까. 정신의 허리띠를 바짝 당기지 않을 수 없다.

　박물관 2층, 높은 천정과 큼직한 공간 한가운데 많은 경비원들의 날카로운 감시의 눈빛을 받으며 그녀는 유리 보호관 안에 기다리고 있었다. 그녀의 얼굴은 눈부셨다. 백조처럼 길게 뻗은 목, 암사슴처럼 검은 눈빛, 핑크 브라운색의 피부, 짙은 레드 브라운 색의 입술, 일직선으로 뻗은 콧날, 그리고 검은색의 눈썹에 이르기까지 마치 살아 있는 것 같은 모습이다.

　네페르티티^{Nefertiti}, 고대 이집트의 말로 '미녀가 왔다'는 뜻처럼 정갈한 두상과 그 위에 자리 잡고 있는 이마는 높고도 고귀하게 빛났다. 머리 위에는 특이한 모양의 왕비의 관^冠을 쓰고 있었다. 스타의 얼굴에서는 광채가 나는 법인데 그녀의 얼굴에서는 빛이 났다. 파라오의 궁정에서 그들끼리만 비전^{祕傳}되던 특별한 노화방지 특수 약이라도 복용한 것일까. 아니면 시간이라는 이름의 잔인한 마모를 이겨낼 수 있는 특수 보톡스 주사라도 맞은 것일까. 그녀는 내게 이

루브르에 모나리자가 있다면
베를린에는 네페르티티가 있다

'미녀가 왔다'란 뜻의 네페르티티는
베를린을 대표하는 아이콘이다

렇게 묻고 있는 듯하였다.

"오랜만이군요! 우리가 처음 만난 것도 꽤 오랜 세월이 흘렀지요?"

마치 오랜 친구처럼 부드럽고 상냥한 그녀의 목소리가 들리는 듯하였다. 내가 그녀를 처음 본 것은 1994년 가을이었으니 벌써 20여 년의 세월이 흘렀다. 당시 그녀는 서베를린의 샤를로테부르크 궁전 앞의 작은 박물관에 세 들어 살고 있었다. 그녀는 누구인가? 네페르티티는 지금까지 그 얼굴이 전해지는 고대 이집트의 최고 미녀이며 박물관섬의 대표 유물이고 더 나아가 베를린을 상징하는 아이콘이다. 고대 이집트의 최고 스타 가운데 한 명이다. 피라미드, 스핑크스, 투탕카멘의 황금마스크와 더불어 고대 이집트 문명을 대표하는 얼굴이다.

루브르 박물관에 레오나르도 다빈치의 모나리자가 있다면 베를린에는 네페르티티가 있다. 지금부터 무려 3,400년 전의 인물이지만 마치 현대인의 모습을 보는 것처럼 여전히 생생한 그녀의 얼굴은 꼭 보아야 하는 베를린의 필수 코스 1번이다. 흔히 고대 이집트의 미녀 하면 클레오파트라를 떠올리지만 거기에는 약간의 설명이 필요하다. 동전 속으로 전해지는 클레오파트라의 실제 모습은 매부리코였으며, 혈통적으로 그리스계인 프톨레마이오스의 후손이다. 게다가 네페르티티와 클레오파트라의 사이에는 1,000년이 넘는 시간의 간극도 있다.

48센티미터, 실물 크기 그대로의 흉상이다. 수천 년의 이집트 역사가 허락한 유일한 경우다. 수많은 왕비들 가운데 왜 그녀의 얼굴만 매우 현실적으로 지금까지 전해져 내려오는 걸까? 나일 강변의 미녀는 왜 지금 슈프레 강변의 미녀가 된 것일까? 도대체 어떤 사연이 있었던 것일까?

"점심식사를 마친 직후였다. 나는 랑케 교수가 보내온 메모를 받았다. 그는 발굴작업의 현장 감독관인데, 47.2 하우스를 방문해 달라고 요청하고 있었다. 47.2 하우스는 튜트모스의 공방이었다. 그 장소로 갔더니 아멘호텝 4세의 실물 크기 흉상이 이제 막 19번방의 문 뒤에서 발견되었다. 천천히 그리고 아주 조심스레 우리는 잔해 더미를 헤치고 들어갔다. 1.10미터 높이에 불과한 19번방의 동쪽 벽을 향하고 있었다. 동쪽 벽에서 약 0.2미터 그

〈노이에스 무제움〉에는 네페
르티티 이외에 다양한 이집
트 유물들을 전시하고 있다

리고 북쪽 벽에서 0.35미터, 우리 무릎 높이 되는 곳에 붉게 칠한 끈이 달린 피부색 목덜미가 나타났다. '다채로운 색상의 실물 크기 왕비의 흉상'이라 기록해두었다. 도구들은 옆으로 재껴 놓고 이때부터는 손으로만 작업을 하였다. 이어지는 몇 분 동안 흉상이 무엇인지 확인할 수 있었다. 목덜미 위로 흉상의 아래 부분이 발굴되어 땅속에서 나왔다. 왕비의 머리카락의 뒷부분이 나타났다. 전체 작품이 더러운 쓰레기 더미 속에서 완전히 빠져나오기까지 상당한 시간이 소요되었다. 우리는 이집트 예술의 가장 생생한 조각품을 손에 쥐었다."

1912년 12월 6일, 독일의 고고학자 루드비히 보르하르트의 일

기장은 심장이 멎을 것 같은 짜릿한 흥분감에 젖어 있음을 알 수 있다. 수천 년간 흙 속에 묻혀 있던 보물이 세상에 처음으로 얼굴을 드러내는 순간이었다. 그는 독일오리엔트협회Deutsche Orient-Gesellschaft 소속으로 이집트의 유적발굴을 이끌던 고고학 발굴단의 책임자였다. 지금 〈노이에스 박물관〉에 함께 보관되어 있는 보르하르트의 발굴 일기에는 수수께끼 같은 대하大河 드라마가 적혀 있다.

줄여서 '아마르나'라 부르는 텔 엘-아마르나Tell el-amarna라는 황무지에 가까운 곳에서 그는 발굴작업 중이었다. 룩소르와 카르낙, 애스원, 기자 같은 곳은 이미 영국과 프랑스에 의해 약탈당할 대로 당했기에 그는 다른 경쟁자들의 눈길이 아직 미치지 않은 곳에 착안했다. 1911년부터 1914년 사이에 그 지역의 유물을 발굴해도 좋다는 허가서를 손에 쥔 지 두 해만의 개가였다.

네페르티티가 세상에 준 충격은 가히 폭발적이었다. 때마침 2년 전 투탕카멘의 발굴이 세상을 놀라게 한 직후여서 그 파장은 더하였다. 그녀의 헤어스타일이나 색조를 모방한 패션, 의상 디자인이 유행했고 이집트 관련이라면 무엇이든지 인기를 끌 정도였다. 특히 그녀의 짧게 자른 헤어스타일은 현대적 감각에도 딱 들어맞았다. 그녀는 즉각 베를린의 슈퍼스타로 등장했다. 심지어 남미의 브라질의 상파울루의 공예품 시장, 아르헨티나의 수도 부에노스아이레스의 카페에서도 네페르티티의 이름과 얼굴을 빌린 상품도 있을 정도로 그녀는 여성적 아름다움의 아이콘이었다.

"사람은 두 번 죽는다. 한 번은 육체적으로, 그리고 또 한 번은 타인의 기억 속에서 사라짐으로써…"

한 시대 한국문학을 평정하다시피 하였던 문학평론가 김현의 말처럼 네페르티티는 두 번 죽었다. 한때는 신처럼 추앙받았던 그녀였지만 남편의 죽음과 함께 어느 날 갑자기 역사의 기록에서 홀연히 사라졌다. 그녀의 죽음에 관한 그 어떤 기록도 남아 있지 않고 사망을 기리는 어떤 기념물도 없다. 모든 것이 일시에 증발되어 버렸다. 죽음에 이르는 과정도 미스터리지만 그녀에 대한 사후死後 말살작업도 예사롭지 않다. 도대체 무슨 일이 일어났던 것일까?

만약 보르하르트가 없었다면 네페르티티라는 이름은 여전히 지하의 흙더미 속에서 여전히 잠자고 있었을 것이다. 네페르티티는 보르하르트가 다가올 때까지 무려 3,244년 동안 먼지만이 나부끼는 황무지에서 숨도 쉬지 못하고 어둠 속에 갇혀 있었다. 그 이름도 영원히 사라질 운명이었다. 네페르티티를 유명하게 만든 사람이 보르하르트지만, 네페르티티가 없었다면 그의 이름 역시 세상에 널리 알려지지 않았을 것이다.

루드비히 보르하르트Borchardt는 베를린에서 태어나 고고학과 이집트학을 공부한 뒤 카이로로 건너가 '독일고고학 연구소'를 창설한 사람으로 평생 고고학 탐사의 현장을 지키다 파리에서 사망한 고고학자다. 아마르나는 현재 이집트의 수도인 카이로 남쪽 312킬로미터, 그리고 고대 문명이 발달한 룩소르의 북쪽 402킬로미터 거리의 황야에 자리 잡고 있는 지역이다. 바로 그곳에서 아름다운 왕비의 얼굴이 발굴되었다. 왜 하필 그곳이었을까?

그녀의 남편은 고대 이집트 제18왕조의 파라오였던 아케나켄혹은 아크나톤이다. 이집트 역사상 가장 이단적인 파라오였다. 종교적으로나 정치적으로, 그리고 예술에서도 그러하였다. 독일에서는 에크나톤이라 부른다. 기원전 1352년부터 1336년까지 통치하였던 그의 흉상은 루브르 박물관에 있다.

파라오로 등극하였을 때 원래 이름은 아멘호테프 4세였다. 아멘호텝이란 "아문Amun 신이 만족한다"란 뜻이다. 그런데 그는 재위 5년 만에 자신의 이름을 아케나텐으로 개명하였다. "아톤 신에게 이로운 자"라는 뜻이다. 개명에서 나타나듯 태양을 상징으로 한 유일신 아톤을 신봉하였다. 혁명적인 종교개혁이었고 역사상 최초의 유일신 신봉자였다. 여기서 그치지 않고 수도였던 테베를 버린 다음, 새 수도로 아마르나 지역으로 옮겼다. 아마르나의 이름은 아케타텐 혹은 아케타톤이라 명명되었는데, 그 뜻은 '아텐의 지평선Horizon of the Aten'이란 뜻이었다. 수도를 바꾸고 종교개혁을 한다는 것은 어느 시대나 엄청난 소용돌이를 예고한다.

아마르나 시대는 고대 이집트 역사상 가장 특이한 일이 많이 일어났다. 자연과 진실을 중시하는 아톤의 가르침은 사실적이고 명쾌한 성격의 아마르나 예술을 탄생시켰다. 마치 모딜리아니의 조각을 연상시키듯 당대의 건축이나 조각은 하나같이 길쭉한 것이 특징이다. 여기에는 아마도 파라오 아케나텐이 특이한 유전병을 앓아 시각적 이상에 따른 취향의 변형으로 해석하는 사람들도 있다.

파라오 부부의 관계도 이전과 달랐다. 네페르티티 역시 마찬가지다. 후세 정권을 잡은 자들의 무자비한 파괴노력에도 불구하고 지금껏 남아 전해지는 아케나텐 부부의 모습은 거의 대등한 크기로 그려진 것이 많다. 심지어 공식 행사에서 부인에게 키스하는 모습이 그려져 있기도 하다. 그녀는 분명 파라오의 부인이기는 하였어도 거의 파라오와 대등한 권력을 누렸던 것으로 전문가들은 추정하고 있다.

하지만 파라오 아케나텐이 사망한 직후 수도는 다시 테베로 옮겨졌다. 종교도 옛날식으로 복원되었다. 이 도시에는 폐쇄명령이 떨어졌다. 과거의 파라오와 관련된 자취는 모두 파괴하고 황급히 룩소르로 이동하라는 새로운 지도부의 엄명이었다.

그럼에도 불구하고 그녀의 아름다운 모습은 살아남았다. 여기에 튜트모스라는 조각가가 등장한다. 독일의 고고학자 보르하르트의 일기에 기록된 바로 그 사람이다. 튜트모스가 없었다면 그녀의 생생한 얼굴은 애당초 생겨나지도 못할 일이었다. 그렇다면 여기서 튜트모스는 또 누군가? 여기서 말하는 튜트모스Thutmose는 독일에서는 튜트모시스Thutmosis라 표기하는 사람이다. 석가탑, 다보탑을 만

든 조각가나 장인들의 이름을 우리는 알지 못하지만 이보다 훨씬 오
래전의 고대 이집트인들은 조각가들에게 자기 이름을 새기도록 허
용하여 우리는 누구의 작품인지 알 수 있다.

튜트모스는 조각가이자 당대 최고의 예술가였다. 정확하게는
파라오 왕궁과 신전에 작품을 만들어 공급하던 공방의 최고 책임자
였다. 그의 공방은 마치 큰 공장처럼 규모가 커서 파라오와 그 가족
들의 얼굴이 담긴 조각품을 끊임없이 생산해냈는데, 튜트모스는 그
곳에서 일하던 조각가와 견습생들을 관리하는 감독관이면서 동시
에 최고 예술가였다. 그의 공방에서는 모두 23개의 석고로 만든 얼
굴 혹은 두상이 발견되었는데 최고의 작품이 바로 석회암으로 만들
어진 천연색 두상 네페르티티 조각이다.

기원전 1345년 경 튜트모스는 아마르나를 떠나기 전 무슨 이유
에서인지 그녀의 흉상을 비밀스런 창고의 선반에 올려놓고 벽을 쌓
아 봉해두었다. 그는 왜 서슬이 퍼런 권력교체기에 목숨을 걸고 그
런 일을 한 것일까? 3천여 년 뒤 누군가 자신의 분신과 같은 작품을
발굴해줄 날을 기다렸던 것일까?

"흉상은 거의 완전했다. 귀의 일부분이 사라졌고 왼쪽 눈에 박아
넣은 눈동자 모형이 없었다. 더러운 흙들을 샅샅이 뒤지고 채로
걸러냈다. 귀를 만들었던 조각들은 발견되었지만 눈동자 모형
은 없었다. 훨씬 나중에서야 원래부터 눈에 들어가는 모형눈동
자가 없다는 걸 알게 되었다."

당시 보르하르트의 발굴일기 내용이다. 네페르티티, 그녀는 미

스터리한 인물이기도 하다. 빼어난 미모를 보여주는 그녀의 흉상은 안타깝게도 왼쪽 눈동자가 없다. 보르하르트의 기록한 것처럼 발굴 과정에서 놓친 게 아니라면 도대체 그녀의 아름다운 얼굴에서는 왜 눈동자 하나가 없는 걸까? 일부 학자들은 당시에 안질이 유행이어서 한눈이 실명했다고 주장하지만 다른 곳에 그려진 그녀의 얼굴을 보면 그 주장을 신뢰하기 어렵다. 고고학자들에게는 답답한 일이지만 소설가들에게는 호기심을 자극할 매우 좋은 소재임에 틀림없다. 필립 반덴베르크 같은 유명 작가들은 네페르티티가 튜트모스의 애인이었는데, 그녀의 변심에 격분해 보복 차원에서 일부러 눈동자 가운데 하나를 빼놓고 만들었다는 내용의 소설을 써서 화제를 모았다.

또 다른 미스터리는 황금가면으로 유명한 투탕카멘과의 관계다. 아케나텐과 네페르티티 사이에는 딸만 6명 있을 뿐 아들은 없었다. 아케나텐의 사망 후 혼돈기를 거쳐 9살의 어린 나이에 파라오로 등극하는 사람이 바로 투탕카멘이다. 네페르티티는 투탕카멘의 계모, 혹은 그와 비슷한 관계 정도로 추정할 뿐 정확하게 밝혀진 것은 아무것도 없다.

이외에도 보르하르트가 유물 발굴 뒤 그녀의 흉상을 독일에 가져오는 과정이 적합한 방법이었는지는 오랫동안 여러 논란이 있었다. 당시 발굴된 유물들은 파르나쥬partage 유물 발굴자와 이집트 문화재청 양측이 적절히 분배한다는 뜻 시스템으로 진행되고 있었는데, 이때 주도권은 이집트 문화재청이 갖고 있었다. 약정에 따르면 절대로 이집트 국경을 벗어나서는 안 된다고 판단되는 유적에 한해서는 국가의 보물로 지정될 수 있었다. 하지만 당시의 이집트 고대유물 담당 관청은 프랑스인들이 맡고 있었고 이집트 사람들은 철저히 배제되었다.

보르하르트의 주장처럼 일부러 진흙더미에 평범한 것처럼 넣어두어 현장 책임자였던 프랑스 사람 구스타브 레페브르가 유물의 가치를 제대로 모르고 통과시켰는지, 아니면 속임수를 써서 빼돌렸는지의 여부는 지금도 논란거리다. 오래전 미국의 시사주간지 「타임」은 세계 10대 약탈 문화재 가운데 하나로 네페르티티의 흉상을 포함하기도 하였다. 하지만 2009년 베를린의 이집트 박물관측이 발굴 당시 양측의 서명이 담긴 서류를 제시함으로써 공식적으로는 적법합이 입증되었다.

어찌되었든 아무도 눈길을 주지 않던 아마르나의 황무지에서 네페르티티라는 보물을 건져 올리고 그 시대를 새롭게 조명한 것은 보르하르트와 그가 이끄는 고고학팀 덕분이다. 보르하르트가 이집트에서 독일의 후원자 야메스 지몬에게 보낸 편지는 흥분으로 가득하다.

"갑자기 우리 손에 가장 생생한 이집트의 예술품이 들어왔습니다. 말로는 어떤 묘사도 불가능합니다. 당신이 직접 보아야만 합니다."

그렇게 해서 그녀를 최초로 품에 안은 사람은 야메스 지몬^{James} ^{Simon}이다. 사업가이자 당대 최고의 부호였던 그는 유대인이었음에도 불구하고 황제였던 빌헬름 2세와 자주 식사를 하면서 경제문제를 논의하던 파워맨이었다. '황제의 유대인'이라는 별명을 들을 정도였다. 보물은 약정에 따라 그의 차지였다. 그러나 그는 1920년 네페르티티 흉상을 평생 수집했던 예술품 일부와 함께 박물관섬에 영구 기증하였다. 그는 사후 베를린 프렌츠라우어베르크 지역에 있는 쇤하우저 유대인 묘소에 묻혔다. 지금 박물관섬의 박물관들을 지하 통로로 연결시키는 '고고학 산책로'를 건설하며 그곳을 가리켜 〈야메스 지몬 갤러리〉라 명명하는 이유는 바로 그의 업적을 기리기 위함이다.

튜트모스의 공방을 떠났던 네페르티티의 아름다운 흉상은 1923년 베를린에서 대중에게 처음 공개되었다. 생전에 굴곡진 삶처럼 그녀의 흉상 역시 수없이 많은 이동을 해야 했다. 야메스 지몬의 은행 지하 안전금고를 거쳐 박물관섬의 〈노이에스 박물관〉에 있다가 2차 대전기간 동안 베를린의 벙커와 제국은행 지하 창고, 연합군의 공습이 강화되자 공습을 피해 메르커스-키젤바하의 소금광산에 숨겨져 있었다. 전쟁이 끝난 뒤 네페르티티를 확보한 것은 미군 예술품 전담 부대였다. 미군측은 처음에는 프랑크푸르트, 그리고 비스바덴을 거쳐 1956년 서베를린의 달렘으로 옮겼다. 그리고 다시 샤를로텐부르크의 이집트 박물관으로 이동하였다. 미군의 관할 아래 있는 동안 이집트는 반환을 요청하였지만 거절당했다. 동독측 역시 소유권을 주장하면 반환을 요청하였지만 역시 거절당했다. 1989년 당시 이집트 대통령 호스니 무바라크는 베를린에서 그 흉상을 관람한 뒤 "이집트를 위한 최고의 대사"라고 기자들 앞에서 말하기도 하였다.

통일 뒤 잠시 알테스 박물관을 거쳐 2009년 10월 마침내 〈노이에스 박물관〉에 영원한 안식처를 찾았다. 원래 그녀가 전시되던 장소였다. 그녀의 굴곡진 운명이 독일현대사와 궤를 함께 하고 있다.

높이 48센티미터, 무게 약 20킬로그램, 석회암에 표면을 스투코 방식으로 채색한 세계에서 가장 오래된 미녀의 얼굴을 보기 위해 매년 50만 명이 방문하고 있지만, 그녀의 인생은 베를린의 안개처럼 여전히 미스터리에 휩싸여 있다.

박물관을 가리키는 영어단어 '뮤지엄museum'은 뮤즈 여신들을 모시는 신전을 뜻하는 고대 그리스어에서 나온 말이다. 뮤즈는 오늘날 작가나 화가에게 영감을 불어넣는 존재를 지칭한다. 네페르티티가 소장되어 있는 〈노이에스 무제움〉은 그런 뜻에서 뮤즈의 여신을 모신 최고의 신전이라 말할 수 있다. 인생은 짧다. 하지만 그녀의 위대함에는 시효가 없다.

내가 베를린에
가방을 둔 이유는?

빌헬름 황제 기념교회에서 카데베 백화점으로 가는 길은 타우엔치엔 거리라 불린다. 서베를린을 대표하는 이 쇼핑 거리는 버스와 승용차들이 지나가는 큰 길 한가운데 보행자를 위해 널찍한 녹지가 있고, 그 녹지 한가운데 특이한 모양의 대형 금속 조형물이 놓여 있다.

1987년 베를린 도시 성립 750주년 기념 공모전에서 당선된 브리기테와 마르틴 마친스키-데닝호프 부부가 만든 것으로 그 작품 이름이 「베를린」이다. 크롬과 니켈, 철강을 섞은 금속관의 재질을 이용해 두 명의 사람이 포옹하는 모습을 상징하고 있어 '포옹'이란 별명도 얻었다. 동서 베를린으로 분단된 이 도시의 비극적인 운명을 함께 아파하고, 언젠가 다시 하나가 되길 희망하는 뜻을 담았다고 한다.

두 사람의 예술가는 예견이라도 했던 것일까? 작품 「베를린」이 그곳에 놓인 지 불과 2년 뒤 베를린 장벽은 기적처럼 붕괴되었고 동서 베를린 사람들은 함께 부둥켜안고 눈물을 흘렸다. 극적인 포옹의 현장이었다. 상처 입은 사람들끼리 서로 포옹하고 있는 작품 「베를린」처럼 이 도시는 서로를 품어주고 있다. 특파원시절 나는 특별한 약속이 없는 날이면 근처 빵가게에서 샌드위치 하나 사들고 이곳 벤치에서 얼마 동안 머물러 있다 가곤 하였다. 그 뒤로는 카이저 빌헬름 교회의 부서진 지붕도 함께 보여서 가장 베를린적인 느낌이 나는 장소였다.

그곳에 가면 언제나 심리적으로 안정되고 편안해졌던 것은 아마도 따스하게 품어주는 어떤 기운 때문인지 모르겠다. 포옹抱擁과 비슷한 발음의 단어 포용包容인 것처럼, 이곳에 오면 포옹도 되고 포용도 느낄 수 있었다. 따스함과 용서, 관대함, 재생再生 같은 단어가 떠오르곤 하였다.

이곳에서 만나던 베를린의 얼굴은 계절마다 매우 달라서 늦은 봄부터 여름까지 환상적이지만 가을에는 황금색으로 변했다. 겨울에는 마치 빔 벤더스 감독의 명작 「베를린 천사의 시」에 그려진 영화풍경처럼 잿빛 풍경과 음습한 공기가 휘감아왔다. 이 도시의 상징 동물인 곰이라도 나올 분위기였다. 이런 날씨에 지친 유학생들은 애인이 없으면 병들게 만드는 도시라고 말하였다.

하지만 회색도 또 하나의 색이라는 것을 이 도시에서 배웠다. 화창한 날은 쾌청한 맛이 있듯, 회색빛 축축한 공기는 축축한 대로 맛이 있다. 어쩌면 거기에 이 도시의 매력이 숨겨져 있는지 모른다. 유럽의 많은 도시들은 화려하다. 화려하기는 하지만 어쩐지 감동이 오지 않았다. 내 삶과 유리가 되어 있고 일치감이 없기 때문이다.

사람마다 감성적으로 끌리는 장소가 다르다. 특정한 장소를 사랑하고 애착하는 것을 가리켜 토포필리아topophilia라 부른다. 저명한 중국계 미국 인문지리학자인 이-푸 투안Yi-Fu Tuan이 만들어 국제적으로 널리 알려진 개념인데, 그리스어로 장소를 뜻하는 '토포topo' 와 사랑을 의미하는 '필리아philia'를 합친 조어다. 한국어로는 장소

베를린 도시성립 750주년 기념조
각 「베를린」. 그 뒤로 전쟁 때 지붕
이 날아간 황제기념교회가 보인다

me, 베를린에서 나를 만났다

애場所愛라 번역된다. 그곳만의 특별한 공기가 몸과 마음의 구석구석을 휘감아 들어와 모든 것을 잊고 꼼짝 못하고 몰입하게 만드는 그런 관능적인 장소를 말한다. 누군가 어떤 특정한 도시를 자주 찾게 만든다는 것은 곧 그 도시라는 장소에 대한 토포필리아가 있다는 뜻이다. 내게 있어 토포필리아의 대상은 언제나 베를린이었다.

이 도시는 고통과 상처를 감추지 않고 그대로 보여주고 있다. 모퉁이를 돌아서면 건물 기둥에 박힌 총알처럼 가슴 깊이 박힌 아픈 인생 이야기가 숨어 있었다. 꿈결처럼 사람들은 왔다가 사라져갔다. 인종주의의 광기와 이데올로기의 광풍이 깊숙이 할퀴고 지나간 황량한 거리는 모두 바뀌었다. 저널리스트에게 이 도시처럼 멋진 학교는 없었다. 책을 쓰는 저자에게는 이보다 더 흥미진진하고 써야 할 주제를 어디서 또 찾을 수 있을까?

베를린은 그라운드 제로였다. 그들은 힘들고 어두웠던 과거를 모두 이겨냈다. 베를린의 땅에는 재기再起의 기운이 있는 것일까? 오랜 직장생활을 마치고 나오니 나의 주머니에 남은 것은 아무것도 없었다. 그때 달려온 곳이 바로 이곳이었다. 이 도시는 말없이 두 팔 벌려 나를 안아주었다. 내가 다시 새로운 인생을 시작할 수 있었던 것은 바로 그 덕분이었다.

우리는 왜 어떤 도시를 방문하려 하는가? 10가지, 100가지의 답이 가능하다. 하지만 그 도시를 다시 방문하고 싶은 이유를 묻는다면 그 대답은 지극히 제한적일 수밖에 없다. 인연이 있으려면 매력이 있어야 한다. 사람이든 도시든 마찬가지다. 도시의 매력이란 과연 무엇을 의미할까? 뉴욕 패션학교인 FIT의 박진배 교수는 매력 도시를 '매직Magic 10'이라는 장소 개념으로 설명하고 있다. 매직 10은 거리, 동네, 시장, 미술관, 공원, 대학, 도서관, 동물원, 레스토랑, 그리고 공공디자인, 이렇게 10가지 장소를 말한다. 그것이 있어야 세상 사람들을 그 도시로 흡수한다는 것이다.

"중요한 것은 이 장소들이 세계 일류 수준이어야 한다는 것이죠. 방문하는 사람들 또한 다양해야 한다는 것입니다."

여기에 편리한 교통 인프라, 물가, 다양성을 추구하는 문화, 외국어 소통능력도 고려되어야 하리라. 그리고 또 하나 빠져서는 안 되는 것이 있다. 보헤미안적인 도시 분위기다. 전통적인 관습으로부터 벗어나 새로운 라이프스타일을 만들어내는 도시를 말한다. 19세기에는 파리와 런던, 뮌헨 같은 도시가 대표적이었다면 20세기의 미국에서는 뉴욕, 샌프란시스코, 시애틀 같은 도시들이었다. 책을 사랑하는 분위기, 도서관과 서점의 수, 커피 문화, 수준 높은 공연, 그리고 와인 문화 등이 그 기준이었다. 21세기의 그 한 자리를 이제 베를린이 차지하고 있다.

베를린 출신의 전설적인 배우이며 가수였던 마를렌 디트리히는 「나는 베를린에 가방을 하나 두고 왔다Ich hab' noch einen Koffer in Berlin」는 노래를 불렀다. 여기서 가방은 단순한 물건을 담는 도구가 아니다. 사랑과 추억, 사람들과 인연, 그리움이 들어 있는 어떤 상징물이었다. 두고 온 가방을 찾으러 간다는 핑계를 대고 이 도시를 다시 찾게 만든다는 아름다운 로망이었다.

내가 베를린이란 도시와 인연을 맺은 지 어느덧 25년이 되어간다. 나는 모두 세 번에 걸쳐 살면서 공부를 하고 특파원으로 일을 하였다. 짧은 인생에 쉽지 않은 인연이다. 베를린에 두고 왔던 나의 가방은 언제나 한 권의 책이 되어 돌아왔다. 또 다시 가방을 찾으러 베를린으로 떠날 때가 된 것 같다.

me,
베를린에서
나를 만났다

2018년 03월 23일 1판 1쇄 박음
2018년 04월 02일 1판 1쇄 펴냄

지은이 손관승
펴낸이 김철종 박정욱
책임편집 배빛나 **디자인** 정진희 **마케팅** 오영일
인쇄제작 정민문화사

펴낸곳 노란잠수함
출판등록 1983년 9월 30일 제1-128호
주소 110-310 서울시 종로구 삼일대로 453(경운동) KAFFE빌딩 2층
전화번호 02)701-6911 **팩스번호** 02)701-4449
전자우편 haneon@haneon.com **홈페이지** www.haneon.com

ISBN 978-89-5596-842-2 03920

* 이 책의 무단전재 및 복제를 금합니다.
* 책값은 뒤표지에 표시되어 있습니다.
* 잘못 만들어진 책은 구입하신 서점에서 바꾸어 드립니다.
* 이 책은 저자가 베를린을 방문하여 라이프스타일과 디자인, 공간에 초점을
  맞춰 「조선일보」 「중앙 SUNDAY」 「월간중앙」에 연재한 현지 르포형식의
  글을 재구성 및 새로 써 출간함을 알려드립니다.

이 도서의 국립중앙도서관 출판예정도서목록(CIP)은
서지정보유통지원시스템 홈페이지(http://seoji.nl.go.kr)와
국가자료공동목록시스템(http://www.nl.go.kr/kolisnet)에서
이용하실 수 있습니다.(CIP제어번호: CIP2018009094)